本書の特色と使い方

ゆっくりていねいに、段階を追った学習ができます。支援学級などでの個別指導にも最適です。

・問題量に配慮した、ゆったりとした紙面構成で、読み書きが苦手な子どもでも、ゆっくりていねいに段階を追って学習することができます。
・漢字が苦手な子どもでも学習意欲が減退しないように、問題文の全ての漢字にふりがなを記載しています。

光村図書国語教科書から抜粋した詩・物語・説明文教材、ことば・文法教材の問題を掲載しています。

・教科書掲載教材を使用して、授業の進度に合わせて予習・復習ができます。

どの子も理解できるよう、文章読解を支援する工夫をしています。

・長い文章の読解問題の場合は、読みとりやすいように、問題文を二つなどに区切って、問題文と設問に1、2…と番号をつけ、短い文章から読みとれるよう配慮しました。
・読解のワークシートでは、設問の中で着目すべき言葉に傍線（サイドライン）を引いておきました。
・記述解答が必要な設問については、答えの一部をあらかじめ解答欄に記載しておきました。

学習意欲をはぐくむ工夫をしています。

・解答欄をできるだけ広々と書きやすいよう配慮しています。
・内容を理解するための説明イラストなども多数掲載しています。イラストは色塗りなども楽しめます。

※**ワークシートの解答例について**（お家の方や先生方へ）
本書の解答は、あくまでもひとつの「解答例」です。お子さまに取り組ませる前に、必ず指導される方が問題を解いてください。指導される方の作られた解答をもとに、お子さまの多様な考えに寄り添って〇つけをお願いします。

JN094411

ゆっくり　ていねいに学べる

国語教科書支援ワーク

（光村図書の教材より抜粋）

もくじ　6-②

季節《きせつ》の言葉《ことば》3
秋深《あきふか》し (1)

名前

教科書《きょうかしょ》の「季節《きせつ》の言葉《ことば》3　秋深《あきふか》し」を読《よ》んで、答《こた》えましょう。

(1) 次《つぎ》の二十四節気《にじゅうしせっき》の言葉《ことば》の読《よ》み方《かた》を□から選《えら》んで（　）に書《か》きましょう。
また、その言葉《ことば》に合《あ》う説明《せつめい》を下《した》から選《えら》んで——線《せん》で結《むす》びましょう。

① 立秋（　　）・　　・昼《ひる》と夜《よる》の長《なが》さがほぼ等《ひと》しくなる。この日《ひ》からは、夜《よる》の時間《じかん》が長《なが》くなっていく。（九月二十三日《くがつにじゅうさんにち》ごろ）

② 処暑（　　）・　　・こよみの上《うえ》で、秋《あき》が始《はじ》まる日《ひ》。（八月八日《はちがつようか》ごろ）

③ 秋分（　　）・　　・暑《あつ》さがやむという意味《いみ》の言葉《ことば》。このころからすずしくなり始《はじ》める。（八月二十三日《はちがつにじゅうさんにち》ごろ）

しょしょ　・　しゅうぶん　・　りっしゅう

(2) 次《つぎ》の短歌《たんか》を二回音読《にかいおんどく》して、答《こた》えましょう。

とことはに（わ）吹《ふ》く夕暮《ゆうぐれ》の風《かぜ》なれど
秋立《あきた》つ日《ひ》こそ涼《すず》しかりけれ
藤原《ふじわらの》　公実《きんざね》

※とことはに…いつでも。

（令和二年度版　光村図書　国語六　創造「季節の言葉3　秋深し」による）

① 五《ご》・七《しち》・五《ご》・七《しち》・七《しち》のリズムで読《よ》めるように、上《うえ》の短歌《たんか》を／線《せん》で区切《くぎ》りましょう。

② 「秋立《あきた》つ日《ひ》」とは、二十四節気《にじゅうしせっき》のうち、いつのことを指《さ》していますか。一《ひと》つに○をつけましょう。

（　）立夏《りっか》
（　）立秋《りっしゅう》
（　）秋分《しゅうぶん》

季《き》節《せつ》の言葉《ことば》3
秋《あき》深《ふか》し (2)

名前

● 次《つぎ》の俳句《はいく》を二回音読《にかいおんどく》して、答《こた》えましょう。

1

白露《しらつゆ》や茨《いばら》の刺《とげ》に一《ひと》つづ《(ず)》つ

与謝《よさ》　蕪村《ぶそん》

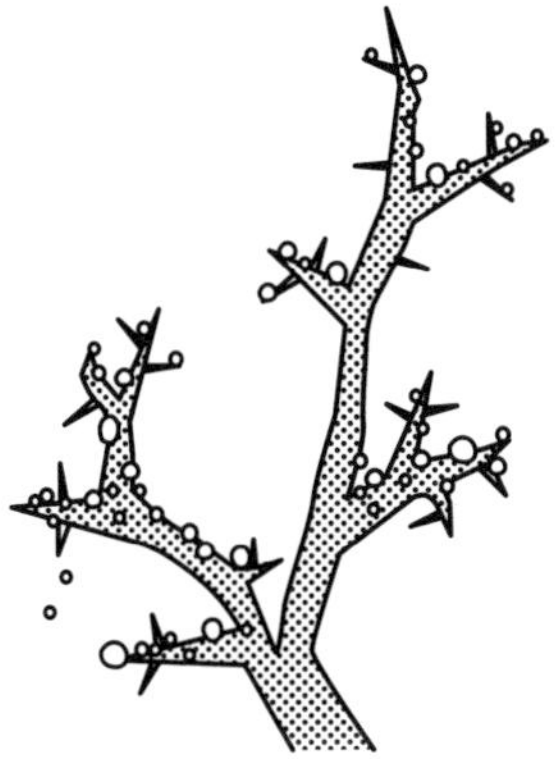

※茨《いばら》…バラやカラタチなど、とげのある木《き》。

2

鶏頭《けいとう》に霜《しも》見《み》る秋《あき》の名残《なごり》かな

正岡《まさおか》　子規《しき》

※鶏頭《けいとう》…庭《にわ》などに植《う》えられる草花《くさばな》。夏《なつ》から秋《あき》にかけて、鶏《にわとり》の頭《あたま》にあるとさかに似《に》た赤《あか》や黄色《きいろ》の花《はな》がさく。
※名残《なごり》…あとになっても、その気配《けはい》が残《のこ》っていること。

（令和二年度版　光村図書　国語六　創造「季節の言葉３　秋深し」による）

1

(1) 五《ご》・七《しち》・五《ご》のリズムで読《よ》めるように、上《うえ》の俳句《はいく》を／線《せん》で区切《くぎ》りましょう。

(2) 上《うえ》の俳句《はいく》から、秋《あき》を表《あらわ》す季語《きご》を見《み》つけ、ひらがなで書《か》きましょう。

［　　　　］

(3) 作者《さくしゃ》は、何《なに》に季節《きせつ》を感《かん》じていますか。○をつけましょう。

（　）茨《いばら》の刺《とげ》の一《ひと》つ一《ひと》つに光《ひか》るつゆ。
（　）茨《いばら》の刺《とげ》の一《ひと》つ一《ひと》つのするどさ。

2

(1) 五《ご》・七《しち》・五《ご》のリズムで読《よ》めるように、上《うえ》の俳句《はいく》を／線《せん》で区切《くぎ》りましょう。

(2) 作者《さくしゃ》は、何《なに》に霜《しも》が降《お》りている様子《ようす》を見《み》ていますか。○をつけましょう。

（　）にわとりの頭《あたま》のとさか。
（　）ケイトウという名前《なまえ》の花《はな》。

(3) 作者《さくしゃ》は「鶏頭《けいとう》」の花《はな》に降《お》りた霜《しも》に、秋《あき》の何《なに》を感《かん》じていますか。俳句《はいく》の中《なか》の言葉《ことば》で書《か》き出《だ》しましょう。

秋《あき》の［　　］

みんなで楽《たの》しく過《す》ごすために (1)

名前

教科書《きょうかしょ》の「みんなで楽《たの》しく過《す》ごすために」を読《よ》んで、答《こた》えましょう。

(1) 自分《じぶん》たちが学校《がっこう》で中心《ちゅうしん》となって行《おこな》う活動《かつどう》について、議題《ぎだい》を確《たし》かめ、活動《かつどう》の目的《もくてき》や条件《じょうけん》を考《かんが》えて整理《せいり》しました。
（　）にあてはまる言葉《ことば》を□から選《えら》んで書《か》きましょう。

①（　　　）
交流週間《こうりゅうしゅうかん》に、一年生《いちねんせい》とどんな遊《あそ》びをしたらよいかを班《はん》ごとに考《かんが》える

②（　　　）
楽《たの》しく遊《あそ》んで仲《なか》よくなる

③（　　　）
- 遊《あそ》ぶ時間《じかん》は、水曜日《すいようび》の五時間目《ごじかんめ》
- 一年生《いちねんせい》にも難《むずか》しくない遊《あそ》び
- 一年生《いちねんせい》も六年生《ろくねんせい》も楽《たの》しめる遊《あそ》び
- 危険《きけん》のない遊《あそ》び

条件《じょうけん》・目的《もくてき》・議題《ぎだい》

（令和二年度版　光村図書　国語六　創造「みんなで楽しく過ごすために」による）

(2) 「一年生《いちねんせい》との交流《こうりゅう》で、どんな遊《あそ》びをしたらよいか」という話《はな》し合《あ》いをグループで行《おこな》います。次《つぎ》の①～⑤は、その進《すす》め方《かた》の例《れい》です。（　）にあてはまる言葉《ことば》を□から選《えら》んで書《か》きましょう。

① 一人《ひとり》ずつ意見《いけん》を出《だ》し合《あ》う。

② それぞれの意見《いけん》について、たがいに（　　　）し合《あ》い、疑問《ぎもん》などを明《あき》らかにする。

③ 目的《もくてき》や（　　　）に比《くら》べ合《あ》わせて話《はな》し合《あ》い、仮《かり》の結論《けつろん》を決《き》める。

④（　　　）に仮《かり》に決《き》めた遊《あそ》びをためして、問題点《もんだいてん》がないかを確《たし》かめる。

⑤ 必要《ひつよう》があればさらに話《はな》し合《あ》い、（　　　）決定《けってい》をする。

- 条件《じょうけん》
- 質問《しつもん》
- 最終《さいしゅう》
- 実際《じっさい》

みんなで楽《たの》しく過《す》ごすために (2)

名前

教科書《きょうかしょ》の「みんなで楽《たの》しく過《す》ごすために」を読《よ》んで、答《こた》えましょう。

● 次《つぎ》の文章《ぶんしょう》は、「交流週間《こうりゅうしゅうかん》に、一年生《いちねんせい》とどんな遊《あそ》びをしたらよいか」という議題《ぎだい》について、自分《じぶん》の考《かんが》えをノートに書《か》き出《だ》した例《れい》です。文章《ぶんしょう》を読《よ》んで、問題《もんだい》に答《こた》えましょう。

（ ① ）	（ ② ）	根拠《こんきょ》
さわられても、じゃんけんで勝《か》てばおににならない「じゃんけんおにごっこ」がよいと思《おも》う。	・おにごっこは、一年生《いちねんせい》にとってもルールが分《わ》かりやすいから。 ・じゃんけんをすることで、足《あし》の速《はや》さに関係《かんけい》なく、みんなが楽《たの》しめると思《おも》うから。	自分《じぶん》がようち園《えん》のときに、小学生《しょうがくせい》といっしょにやって楽《たの》しめた。

（令和二年度版　光村図書　国語六　創造「みんなで楽しく過ごすために」による）

(1) どんな遊《あそ》びがよいと書《か》いていますか。遊《あそ》びの名前《なまえ》を書《か》きましょう。

(2) 「じゃんけんおにごっこ」は、どんなふうに遊《あそ》ぶおにごっこですか。

さわられても、　　　　おにごっこ。

(3) 上《うえ》の表《ひょう》の①、②にあてはまる言葉《ことば》を　　から選《えら》んで書《か》きましょう。

①

②

理由《りゆう》・主張《しゅちょう》

伝《つた》えにくいことを伝《つた》える

名前

● 次《つぎ》の文章《ぶんしょう》を二回《にかい》読《よ》んで、答《こた》えましょう。

1

私《わたし》たちの日常生活《にちじょうせいかつ》では、話《はな》し合《あ》いで、相手《あいて》の考《かんが》えに対《たい》して否定的《ひていてき》な意見《いけん》を言《い》うときなど、㋐少《すこ》し伝《つた》えにくいことを伝《つた》えなければならないときがあります。

ここでは、ボールの使《つか》い方《かた》に関《かん》する場面《ばめん》を例《れい》に、考《かんが》えてみましょう。

2

どのように言《い》えば、自分《じぶん》の伝《つた》えたいことが相手《あいて》に正《ただ》しく伝《つた》わるでしょうか。次《つぎ》のように言《い》うと、相手《あいて》はどう感《かん》じるでしょうか。

（令和二年度版　光村図書　国語六　創造「伝えにくいことを伝える」による）

1

(1) ㋐少《すこ》し伝《つた》えにくいことを伝《つた》えなければならないときの例《れい》として、何《なに》に関《かん》する場面《ばめん》を考《かんが》えようといっていますか。

［　　　　］

(2) ボールの使《つか》い方《かた》について、どんなところが問題《もんだい》だとあの子《こ》どもは考《かんが》えていますか。

ボールはクラスに一《ひと》つしかないのに、［　　　　］ところ。

2

次《つぎ》の文《ぶん》の説明《せつめい》は、文中《ぶんちゅう》のい〜えのどの言《い》い方《かた》にあてはまりますか。記号《きごう》で答《こた》えましょう。

（　）自分《じぶん》の伝《つた》えたいことを伝《つた》えている。言《い》ったとおりにルールを決《き》めれば、みんなが気持《きも》ちよく使《つか》えるようになるかもしれない。

（　）自分《じぶん》の伝《つた》えたいことは伝《つた》わるが、けんかになったり相手《あいて》がいやな気《き》もちになるかもしれない。

（　）「いいなあ。」と言《い》われて相手《あいて》はいやな思《おも》いはしないが、自分《じぶん》の思《おも》いが正確《せいかく》に伝《つた》わらないかもしれない。

『鳥獣戯画《ちょうじゅうぎが》』を読《よ》む (1)

名前

● 教科書《きょうかしょ》の「『鳥獣戯画《ちょうじゅうぎが》』を読《よ》む」の全文《ぜんぶん》を読《よ》んだ後《あと》、次《つぎ》の文章《ぶんしょう》を二回《にかい》読《よ》んで、答《こた》えましょう。

1

もんどりうって転《ころ》がった兎《うさぎ》の、背中《せなか》や右足《みぎあし》の線《せん》。㋐勢《いきお》いがあって、絵《え》が止《と》まっていない。動《うご》きがある。しかも、投《な》げられたのに目《め》も口《くち》も笑《わら》っている。㋑それがはっきりとわかる。そういえば、前《まえ》の絵《え》の、応援《おうえん》していた兎《うさぎ》たちも笑《わら》っていた。ほんのちょっとした筆《ふで》さばきだけで、見事《みごと》にそれを表現《ひょうげん》している。㋒たいしたものだ。

※もんどりうつ…宙返《ちゅうがえ》りをする。
※筆《ふで》さばき…筆《ふで》の上手《じょうず》な動《うご》かし方《かた》。

2

では、なぜ、兎《うさぎ》たちは笑《わら》っていたのだろうか。蛙《かえる》と兎《うさぎ》は仲良《なかよ》しで、この相撲《すもう》も、対立《たいりつ》や真剣勝負《しんけんしょうぶ》を描《えが》いているのではなく、蛙《かえる》のずるをふくめ、あくまでも和気《わき》あいあいとした遊《あそ》びだからにちがいない。

（令和二年度版　光村図書　国語六　創造　高畑《たかはた》勲《いさお》）

1

(1) ㋐勢《いきお》いがあって、絵《え》が止《と》まっていない。動《うご》きがある。のは、何《なん》ですか。

もんどりうって転《ころ》がった兎《うさぎ》の、［　　　　］。

(2) ㋑それとは、何《なに》を指《さ》していますか。

投《な》げられた兎《うさぎ》の目《め》も口《くち》も［　　　　］こと。

(3) どんなことを、㋒たいしたものだ。といっていますか。〇をつけましょう。

（　）兎《うさぎ》の絵《え》が本物《ほんもの》そっくりなこと。
（　）兎《うさぎ》の表情《ひょうじょう》を、ほんのちょっとした筆《ふで》さばきだけで表現《ひょうげん》していること。

2

兎《うさぎ》たちが笑《わら》っていたのは、なぜだと筆者《ひっしゃ》は考《かんが》えましたか。

蛙《かえる》と兎《うさぎ》は［　　　　］で、この相撲《すもう》も、蛙《かえる》のずるをふくめ、あくまでも［　　　　］だから。

『鳥獣戯画《ちょうじゅうぎが》』を読《よ》む (2)

名前

次《つぎ》の文章《ぶんしょう》を二回《にかい》読《よ》んで、答《こた》えましょう。

1

絵巻《えまき》の絵《え》は、くり広《ひろ》げるにつれて、右《みぎ》から左《ひだり》へと時間《じかん》が流《なが》れていく。ではもう一度《いちど》、この場面《ばめん》の全体《ぜんたい》を見《み》てみよう。まず、ア「おいおい、それはないよ」と、笑《わら》いながら抗議《こうぎ》する応援《おうえん》の兎《うさぎ》が出《で》てきて、その先《さき》を見《み》ると、相撲《すもう》の蛙《かえる》が兎《うさぎ》の耳《みみ》をかんでいる。そして、その蛙《かえる》が激《はげ》しい気合《きあ》いとともに兎《うさぎ》を投《な》げ飛《と》ばすと、兎《うさぎ》は応援蛙《おうえんがえる》たちの足元《あしもと》に転《ころ》がって、三匹《さんびき》の蛙《かえる》はそれに反応《はんのう》する。

(　)(　)(　)(あ)(　)

2

一枚《いちまい》の絵《え》だからといって、ある一瞬《いっしゅん》をとらえているのではなく、次々《つぎつぎ》と時間《じかん》が流《なが》れていることがわかるだろう。この三匹《さんびき》の応援蛙《おうえんがえる》のポーズと表情《ひょうじょう》もまた、実《じつ》にすばらしい。それぞれが、どういう気分《きぶん》を表現《ひょうげん》しているのか、今度《こんど》は君《きみ》たちが考《かんが》える番《ばん》だ。

（令和二年度版　光村図書　国語六　創造　高畑《たかはた》　勲《いさお》）

1

(1) 絵巻《えまき》の絵《え》は、どちらからどちらへと時間《じかん》が流《なが》れていきますか。

(2) ア「おいおい、それはないよ」と言《い》ったのは、だれですか。○をつけましょう。

(　) 応援《おうえん》する兎《うさぎ》。

(　) 相撲《すもう》で蛙《かえる》に耳《みみ》をかまれた兎《うさぎ》。

(3) 上《うえ》の絵巻《えまき》の絵《え》では、どのように時間《じかん》が流《なが》れていますか。上《うえ》の絵《え》の(　)の中《なか》に、次《つぎ》のあ〜おを書《か》き入《い》れましょう。

あ 相撲《すもう》の蛙《かえる》が兎《うさぎ》の耳《みみ》をかんでいる。

い 兎《うさぎ》が応援蛙《おうえんがえる》たちの足元《あしもと》に転《ころ》がる。

う 抗議《こうぎ》する応援《おうえん》の兎《うさぎ》が出《で》てくる。

え 投《な》げられた兎《うさぎ》に応援蛙《おうえんがえる》たちが反応《はんのう》する。

お 相撲《すもう》の蛙《かえる》が兎《うさぎ》を投《な》げ飛《と》ばす。

2

(1) 筆者《ひっしゃ》は、一枚《いちまい》の絵《え》でも、どんなことがわかると述《の》べていますか。

(2) 三匹《さんびき》の応援蛙《おうえんがえる》の、何《なに》が実《じつ》にすばらしいと述《の》べていますか。二《ふた》つ書《か》きましょう。

『鳥獣戯画《ちょうじゅうぎが》』を読《よ》む　(3)

名前

● 次《つぎ》の文章《ぶんしょう》を二回《にかい》読《よ》んで、答《こた》えましょう。

1

〔『鳥獣戯画《ちょうじゅうぎが》』の絵巻《えまき》の絵《え》は、右《みぎ》から左《ひだり》へと、次々《つぎつぎ》と時間《じかん》が流《なが》れていることがわかる。〕

この絵巻《えまき》がつくられたのは、今《いま》から八百五十年《はっぴゃくごじゅうねん》ほど前《まえ》、平安時代《へいあんじだい》の終《お》わり、平家《へいけ》が天下《てんか》を取《と》ろうとしていたころだ。『鳥獣戯画《ちょうじゅうぎが》』だけではない。この時代《じだい》には、ほかにもとびきりすぐれた絵巻《えまき》がいくつも制作《せいさく》され、上手《じょうず》な絵《え》と言葉《ことば》で、長《なが》い物語《ものがたり》を実《じつ》に生《い》き生《い》きと語《かた》っている。

※とびきり…ずばぬけて。

2

そして、これら絵巻物《えまきもの》に始《はじ》まり、江戸時代《えどじだい》には、絵本《えほん》（絵《え》入《い》り読《よ》み物《もの》）や写《うつ》し絵《え》（幻灯芝居《げんとうしばい》）、昭和時代《しょうわじだい》には、紙芝居《かみしばい》、漫画《まんが》やアニメーションが登場《とうじょう》し、子《こ》どもだけでなく、大人《おとな》もおおいに楽《たの》しませてきた。十二世紀《じゅうにせいき》から今日《こんにち》まで、言葉《ことば》だけでなく絵《え》の力《ちから》を使《つか》って物語《ものがたり》を語《かた》るものが、とぎれることなく続《つづ》いているのは、日本文化《にほんぶんか》の大《おお》きな特色《とくしょく》なのだ。

紙芝居《かみしばい》

（令和二年度版　光村図書　国語六　創造　高畑《たかはた》　勲《いさお》）

1

(1) 『鳥獣戯画《ちょうじゅうぎが》』の絵巻《えまき》がつくられたのは、今《いま》から何年《なんねん》ほど前《まえ》でしたか。

〔　　　　〕

(2) 『鳥獣戯画《ちょうじゅうぎが》』がつくられた時代《じだい》には、ほかにどんなものが制作《せいさく》されましたか。

上手《じょうず》な〔　　〕と〔　　〕で、長《なが》い物語《ものがたり》を生《い》き生《い》きと語《かた》る、とびきり〔　　〕。

2

(1) 昭和時代《しょうわじだい》に登場《とうじょう》したものは、何《なん》ですか。三《みっ》つ書《か》きましょう。
（習《なら》っていない漢字《かんじ》は、ひらがなで書《か》きましょう。）

〔　　〕〔　　〕〔　　〕

(2) 筆者《ひっしゃ》は、どういうことを日本文化《にほんぶんか》の大《おお》きな特色《とくしょく》だと述《の》べていますか。

〔〔　　〕から今日《こんにち》まで、言葉《ことば》だけでなく〔　　〕を使《つか》って物語《ものがたり》を語《かた》るものが、とぎれることなく〔　　〕こと。〕

『鳥獣戯画《ちょうじゅうぎが》』を読《よ》む (4)

名前

● 次《つぎ》の文章《ぶんしょう》を二回《にかい》読《よ》んで、答《こた》えましょう。

1

十二世紀《じゅうにせいき》という大昔《おおむかし》に、
まるで漫画《まんが》やアニメのような、
こんなに楽《たの》しく、とびきりモダンな
絵巻物《えまきもの》が生《う》み出《だ》されたとは、なんと
㋐すてきでおどろくべきことだろう。
しかも、㋑筆《ふで》で描《えが》かれたひとつひとつの
絵《え》が、実《じつ》に自然《しぜん》でのびのびしている。
描《えが》いた人《ひと》はきっと、何物《なにもの》にも
とらわれない、自由《じゆう》な心《こころ》を
もっていたにちがいない。
世界《せかい》を見渡《みわた》しても、
そのころの絵《え》で、これほど自由闊達《じゆうかったつ》な
ものはどこにも見《み》つかっていない。

※モダン…現代的《げんだいてき》。
※自由闊達《じゆうかったつ》…物事《ものごと》にこだわらず、自分《じぶん》の思《おも》うままに行動《こうどう》するさま。

2

描《えが》かれてから八百五十年《はっぴゃくごじゅうねん》、祖先《そせん》たちは、
幾多《いくた》の変転《へんてん》や火災《かさい》のたびに救《すく》い出《だ》し、
そのせいで一部《いちぶ》が失《うしな》われたり破《やぶ》れたり
したにせよ、この絵巻物《えまきもの》を大切《たいせつ》に保存《ほぞん》し、
私《わたくし》たちに伝《つた》えてくれた。『鳥獣戯画《ちょうじゅうぎが》』は、
だから、国宝《こくほう》であるだけでなく、
人類《じんるい》の宝《たから》なのだ。

※幾多《いくた》の変転《へんてん》…大変《たいへん》なできごとが、何度《なんど》もあったこと。

（令和二年度版　光村図書　国語六　創造　高畑《たかはた》　勲《いさお》）

1

(1) 十二世紀《じゅうにせいき》という大昔《おおむかし》に、どんなものが生《う》み出《だ》されたことを、㋐すてきでおどろくべきことだと筆者《ひっしゃ》は述《の》べていますか。
（習《なら》っていない言葉《ことば》は、ひらがなで書《か》きましょう。）

まるで［　　］や［　　］のように、楽《たの》しくて
とびきりモダンな［　　］。

(2) ㋑筆《ふで》で描《えが》かれた…のびのびしている。とありますが、このことから、描《えが》いた人《ひと》は、どういう心《こころ》をもっていたと、筆者《ひっしゃ》は考《かんが》えましたか。

［　　　］心《こころ》。

2

(1) 『鳥獣戯画《ちょうじゅうぎが》』の絵巻物《えまきもの》を大切《たいせつ》に保存《ほぞん》し、私《わたくし》たちに伝《つた》えてくれたのは、だれですか。

(2) 大切《たいせつ》に保存《ほぞん》されてきたことから、『鳥獣戯画《ちょうじゅうぎが》』は、どんな宝《たから》だと筆者《ひっしゃ》は述《の》べていますか。二《ふた》つ書《か》きましょう。

情報《じょうほう》 調《しら》べた情報《じょうほう》の用《もち》い方《かた》

名前

教科書《きょうかしょ》の「調《しら》べた情報《じょうほう》の用《もち》い方《かた》」を読《よ》んで、答《こた》えましょう。

(1) 次《つぎ》の文《ぶん》は、調《しら》べた情報《じょうほう》を適切《てきせつ》に用《もち》いて引用《いんよう》するときの注意点《ちゅういてん》をまとめたものです。（　）にあてはまる言葉《ことば》を［　］から選《えら》んで書《か》きましょう。

① 調《しら》べた情報《じょうほう》を引用《いんよう》するときは、（　　　）を付《つ》けたり、引用部分《いんようぶぶん》を本文《ほんぶん》よりも少《すこ》し下《さ》げたりして、他《ほか》と区別《くべつ》できるようにします。

② 引用《いんよう》した元《もと》の文章《ぶんしょう》は、（　　　）ぬき出《だ》します。

③ 何《なに》から引用《いんよう》したのか、（　　　）を示《しめ》します。

［ そのまま ・ 出典《しゅってん》 ・ かぎ ］

(2) 調《しら》べるときに使《つか》った本《ほん》などを「出典《しゅってん》」として示《しめ》すとき、必《かなら》ず書《か》かなければいけないことを四《よっ》つ選《えら》んで、○をつけましょう。

（　）書名《しょめい》　（　）筆者名《ひっしゃめい》　（　）本《ほん》の総《そう》ページ数《すう》

（　）出版社名《しゅっぱんしゃめい》　（　）読《よ》んだ日付《ひづけ》　（　）本《ほん》の発行年《はっこうねん》

(3) 「著作権《ちょさくけん》」についての説明《せつめい》として、あっているものに○、まちがっているものに×をつけましょう。

（　）文章《ぶんしょう》や音楽《おんがく》、絵《え》などの作品《さくひん》のことを著作物《ちょさくぶつ》といい、その作者《さくしゃ》がもつ権利《けんり》のことをいう。

（　）著作物《ちょさくぶつ》を使《つか》うときには、どんなときも作《つく》った人《ひと》の許可《きょか》を必要《ひつよう》としない。

（　）著作物《ちょさくぶつ》は、作《つく》った人《ひと》の許可《きょか》なしに無断《むだん》で使用《しよう》したり、変《か》えたりしてはいけない。

日本《にほん》文化《ぶんか》を発信《はっしん》しよう (1)

名前

教科書《きょうかしょ》の「日本文化《にほんぶんか》を発信《はっしん》しよう」を読《よ》んで、答《こた》えましょう。

(1) 日本《にほん》文化《ぶんか》のよさを知《し》らせるパンフレットを作《つく》ります。次《つぎ》の①〜⑤は、その活動《かつどう》の流《なが》れです。（　）にあてはまる言葉《ことば》を□から選《えら》んで書《か》きましょう。

① （　　　　）を決《き》めて、構想《こうそう》を練《ね》る。

② 本《ほん》や、新聞《しんぶん》、インターネットなどで（　　　　）を集《あつ》める。

③ 集《あつ》めた情報《じょうほう》を整理《せいり》して、パンフレットの（　　　　）を決《き》める。

④ ページの（　　　　）を決《き》めて、下書《したが》きをする。

⑤ 下書《したが》きに従《したが》って記事《きじ》を清書《せいしょ》し、紙面《しめん》を完成《かんせい》させる。

・構成《こうせい》　・題材《だいざい》　・情報《じょうほう》　・割《わ》り付《つ》け

(2) パンフレットにのせる記事《きじ》の文章構成《ぶんしょうこうせい》を考《かんが》えます。次《つぎ》の①〜③の場合《ばあい》は、どのような文章構成《ぶんしょうこうせい》がよいでしょう。——線《せん》で結《むす》びましょう。

① 題材《だいざい》のみりょくを伝《つた》えたいとき。　・

② 歴史《れきし》をしょうかいしたいとき。　・

③ 読《よ》み手《て》が疑問《ぎもん》に思《おも》いそうなことを説明《せつめい》したいとき。　・

・　「初《はじ》め」に「問《と》い」を書《か》き、それに答《こた》えながら説明《せつめい》する。

・　みりょくの理由《りゆう》や事例《じれい》を挙《あ》げて説明《せつめい》する。

・　出来事《できごと》を時代順《じだいじゅん》に書《か》いたり、出来事《できごと》が起《お》きた原因《げんいん》と結果《けっか》の関係《かんけい》で整理《せいり》したりする。

日本文化《にほんぶんか》を発信《はっしん》しよう (2)

名前

教科書《きょうかしょ》の「日本文化《にほんぶんか》を発信《はっしん》しよう」を読《よ》んで、答《こた》えましょう。

(1) 日本文化《にほんぶんか》のよさをパンフレットにまとめようと、「和食《わしょく》のみりょく」の記事《きじ》を下書《したが》きしました。次《つぎ》の下書《したが》きの文章《ぶんしょう》の一部《いちぶ》を読《よ》んで、問題《もんだい》に答《こた》えましょう。

見出《みだ》し
和食《わしょく》は、栄養満点《えいようまんてん》

小見出《こみだ》し
「うまみ」をいかして

和食《わしょく》のおいしさの秘密《ひみつ》は、なんといっても、㋐「うまみ」です。和食《わしょく》の基本《きほん》となるだしや、しょうゆやみそなどのはっこう食品《しょくひん》には、たくさんの「うまみ」がふくまれています。

（令和二年度版　光村図書　国語六　創造　「日本文化を発信しよう」による）

① 「和食《わしょく》は、栄養満点《えいようまんてん》」という見出《みだ》しを、「和食《わしょく》を食《た》べて健康《けんこう》に」に変《か》えることにしました。その理由《りゆう》として考《かんが》えられるものに○をつけましょう。

（　）「健康《けんこう》」という言葉《ことば》を使《つか》ったほうが和食《わしょく》のよさが伝《つた》わるから。

（　）見出《みだ》しの文章《ぶんしょう》が長《なが》いほうが分《わ》かりやすいから。

② ㋐「うまみ」です。のところを、『「うまみ」。』と言《い》い切《き》った形《かたち》にすると、どんな効果《こうか》がありますか。○をつけましょう。

（　）読《よ》み手《て》に問《と》いかける効果《こうか》。

（　）「うまみ」という言葉《ことば》を強調《きょうちょう》する効果《こうか》。

(2) 次《つぎ》の絵《え》は、パンフレットの表紙《ひょうし》と裏表紙《うらびょうし》の紙面《しめん》の割《わ》り付《つ》け例《れい》です。パンフレットの①、②の部分《ぶぶん》には、何《なに》を書《か》けばよいでしょう。［　］から選《えら》んで記号《きごう》で答《こた》えましょう。

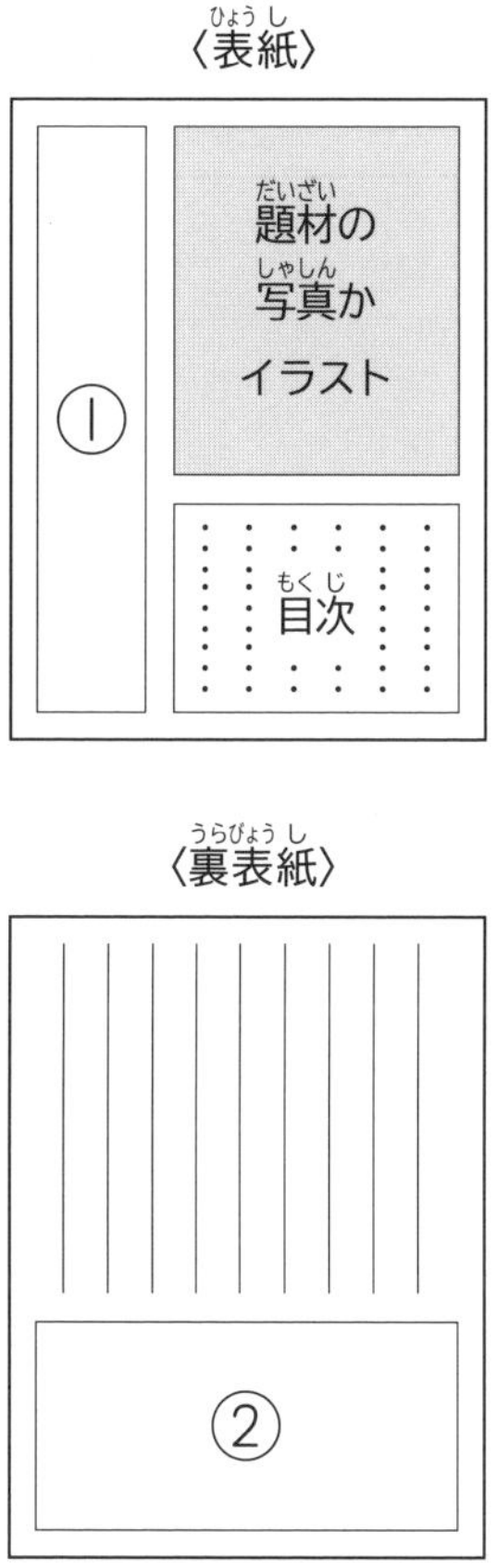

㋐ 参考《さんこう》にした資料《しりょう》　㋑ 題名《だいめい》

① ［　　］　② ［　　］

古典芸能《こてんげいのう》の世界《せかい》(1)

――演《えん》じて伝《つた》える

名前

● 次《つぎ》の文章《ぶんしょう》を二回《にかい》読《よ》んで、答《こた》えましょう。

1

狂言《きょうげん》は、室町《むろまち》時代《じだい》に行《おこな》われるようになった演劇《えんげき》で、その内容《ないよう》は観客《かんきゃく》を笑《わら》わせる喜劇《きげき》です。多《おお》くの作品《さくひん》が、二《に》、三人《さんにん》の登場人物《とうじょうじんぶつ》で上演《じょうえん》され、せりふやしぐさを中心《ちゅうしん》としたものになっています。

※しぐさ…身《み》ぶり。

2

また、狂言《きょうげん》は、何《なに》もない舞台《ぶたい》の上《うえ》で演《えん》じられます。そのため、役者自身《やくしゃじしん》が、動物《どうぶつ》の鳴《な》き声《ごえ》や鐘《かね》の音《おと》などを声《こえ》に出《だ》して表現《ひょうげん》します。観客《かんきゃく》は、そこから様子《ようす》を想像《そうぞう》して楽《たの》しむのです。

(令和二年度版　光村図書　国語六　創造「古典芸能の世界」による)

(習《なら》っていない漢字《かんじ》は、ひらがなで書《か》きましょう。)

1

(1) 何《なん》という古典芸能《こてんげいのう》について説明《せつめい》していますか。

(2) 狂言《きょうげん》が行《おこな》われるようになったのは、いつですか。

(3) 狂言《きょうげん》は、どのような演劇《えんげき》ですか。○をつけましょう。

(　) 観客《かんきゃく》を笑《わら》わせる喜劇《きげき》。

(　) 観客《かんきゃく》を泣《な》かせる悲劇《ひげき》。

2

(1) 狂言《きょうげん》は、どんな舞台《ぶたい》の上《うえ》で演《えん》じられますか。

舞台《ぶたい》。

(2) 狂言《きょうげん》で、役者自身《やくしゃじしん》が声《こえ》に出《だ》して表現《ひょうげん》するものを二《ふた》つ書《か》き出《だ》しましょう。

古《こ》典《てん》芸《げい》能《のう》の世《せ》界《かい》(2)

——演《えん》じて伝《つた》える

名前

教科書《きょうかしょ》の「古典芸能《こてんげいのう》の世界《せかい》——演《えん》じて伝《つた》える」を読《よ》んで、答《こた》えましょう。

● 次《つぎ》の文章《ぶんしょう》は、昔《むかし》から続《つづ》いている四《よっ》つの古典芸能《こてんげいのう》について特色《とくしょく》をまとめたものです。（　）にあてはまる言葉《ことば》を□から選《えら》んで書《か》きましょう。

	狂言《きょうげん》	能《のう》	歌舞伎《かぶき》	人形浄瑠璃《にんぎょうじょうるり》（文楽《ぶんらく》）
始《はじ》まった時代《じだい》	室町《むろまち》時代《じだい》	狂言《きょうげん》と同《おな》じ（　　）時代《じだい》	江戸《えど》時代《じだい》	（　　）時代《じだい》
特色《とくしょく》	・観客《かんきゃく》を笑《わら》わせる（　　）。 ・何《なに》もない舞台《ぶたい》の上《うえ》で、役者自身《やくしゃじしん》が、動物《どうぶつ》の鳴《な》き声《ごえ》や鐘《かね》の音《おと》などを声《こえ》に出《だ》して表現《ひょうげん》する。	・劇《げき》の内容《ないよう》は、主《おも》に悲劇《ひげき》。 ・主人公《しゅじんこう》の多《おお》くは（　　）を用《もち》い、顔《かお》の向《む》きを変《か》えることで表情《ひょうじょう》を変化《へんか》させる。	・音楽《おんがく》や（　　）、登場人物《とうじょうじんぶつ》のせりふやしぐさといった要素《ようそ》を合《あ》わせた演劇《えんげき》。 ・「隈取《くまどり》」や「見得《みえ》を切《き》る（にらむ動《うご》き）」など、独特《どくとく》な演出《えんしゅつ》や演技《えんぎ》がある。	・せりふや場面《ばめん》の様子《ようす》などを語《かた》る「太夫《たゆう》」、伴奏《ばんそう》の「三味線《しゃみせん》」、（　　）をあやつる「人形《にんぎょう》つかい」によって演《えん》じられる。
			 隈取《くまどり》	

・江戸《えど》　・能面《のうめん》　・人形《にんぎょう》　・室町《むろまち》　・おどり　・喜劇《きげき》

カンジー博士《はかせ》の漢字学習《かんじがくしゅう》の秘伝《ひでん》 (1)
(まちがえやすい形《かたち》の漢字《かんじ》)

名前

複雑《ふくざつ》な形《かたち》や、見慣《みな》れない形《かたち》の漢字《かんじ》は、次《つぎ》のような点《てん》に注意《ちゅうい》しましょう。

・線《せん》の数《かず》 〈例《れい》〉「達」「講」「積」など。
・点《てん》があるかないか 〈例《れい》〉「博」「域」「専」など。
・つき出《だ》すかつき出《だ》さないか 〈例《れい》〉「棒」「垂」「善」など。
・見慣《みな》れない形《かたち》 〈例《れい》〉「蒸」「脈」「就」など。

(1) □にあてはまる漢字《かんじ》を□から選《えら》んで、漢字《かんじ》の形《かたち》(線《せん》の数《かず》)に気《き》をつけて書《か》きましょう。

① 自転車《じてんしゃ》の□《こう》習会《しゅうかい》に出《で》る。

② 早起《はやお》きの習《しゅう》□《かん》をつける。

③ トラックに荷物《にもつ》を□《つ》む。

④ 水泳《すいえい》が上《じょう》□《たつ》する。

積・達・慣・講

(2) □にあてはまる漢字《かんじ》を□から選《えら》んで、漢字《かんじ》の形《かたち》(点《てん》があるかないか)に気《き》をつけて書《か》きましょう。

① □《せん》門家《もんか》の意見《いけん》を聞《き》く。

② こわれた□《き》械《かい》を直《なお》す。

③ □《はく》物館《ぶつかん》の展示品《てんじひん》を見《み》る。

④ □《はつ》もうでに出《で》かける。

専・博・初・機

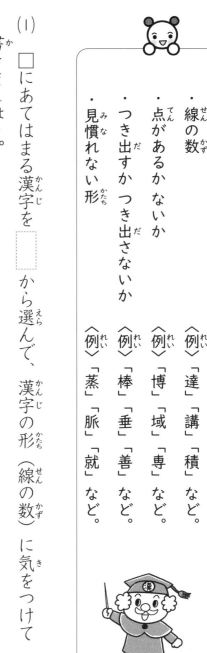

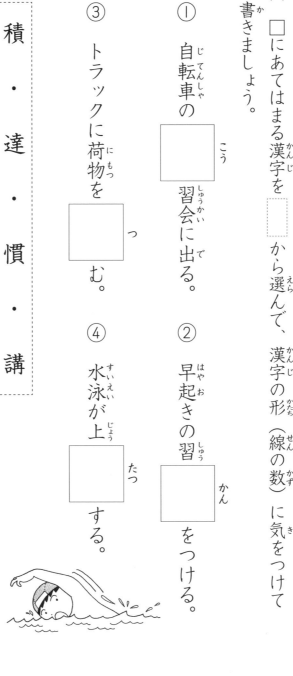

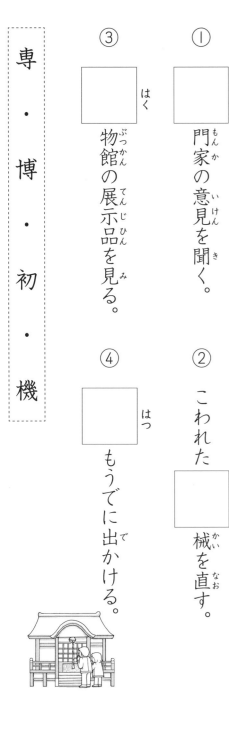

カンジー博士《はかせ》の漢字学習《かんじがくしゅう》の秘伝《ひでん》 (2)

（まちがえやすい形《かたち》の漢字《かんじ》）

名前

(1) □にあてはまる漢字《かんじ》を□から選《えら》んで、漢字《かんじ》の形《かたち》（つき出《だ》すか　つき出《だ》さないか）に気《き》をつけて書《か》きましょう。

① □《すい》直《ちょく》な線《せん》を引《ひ》く。

② 食生活《しょくせいかつ》を改《かい》□《ぜん》する。

③ リコーダーを演《えん》□《そう》する。

④ 鉄《てつ》□《ぼう》の練習《れんしゅう》をする。

⑤ みんなで初日《はつひ》の出《で》を□《おが》む。

棒・拝・善・奏・垂

(2) □にあてはまる漢字《かんじ》を□から選《えら》んで、漢字《かんじ》の形《かたち》に気《き》をつけて書《か》きましょう。

① 委員長《いいんちょう》に□《しゅう》任《にん》する。

② 地図《ちず》で山《さん》□《みゃく》の位置《いち》を調《しら》べる。

③ □《き》険《けん》な場所《ばしょ》に注意《ちゅうい》する。

④ □《じょう》気機関車《ききかんしゃ》に乗《の》る。

⑤ 単《たん》□《じゅん》な問題《もんだい》だから答《こた》えがすぐ分《わ》かった。

危・純・蒸・就・脈

カンジー博士《はかせ》の漢字《かんじ》学習《がくしゅう》の秘伝《ひでん》 (3)
(複数《ふくすう》の音訓《おんくん》をもつ漢字《かんじ》)

名前

(1) 次《つぎ》の漢字《かんじ》を使《つか》った、――線《せん》の言葉《ことば》の読《よ》み方《かた》が正《ただ》しい方《ほう》に○をつけましょう。

① 行

㋐ あの子《こ》は親《おや》孝行な子《こ》だ。
( ) こうぎょう
( ) こうこう

㋑ 長《なが》い行列に並《なら》ぶ。
( ) ぎょうれつ
( ) こうれつ

② 火

㋐ 聖火リレーを見《み》る。
( ) せいか
( ) せいび

㋑ ぱちぱちと火花が散《ち》る。
( ) かばな
( ) ひばな

(2) 次《つぎ》の漢字《かんじ》を使《つか》った、――線《せん》の言葉《ことば》の読《よ》みがなを書《か》きましょう。

① 作

㋐ 表《ひょう》を作成する。

㋑ いねかりの作業を手伝《てつだ》う。

㋒ ケーキを作る。

[ ]　[ ]　[る]

② 便

㋐ 便利な道具《どうぐ》を使《つか》う。

㋑ 郵便ポストに手紙《てがみ》を出《だ》す。

㋒ 祖母《そぼ》から便りが届《とど》く。

[ ]　[ ]　[り]

カンジー博士《はかせ》の漢字学習《かんじがくしゅう》の秘伝《ひでん》　(4)
（複数《ふくすう》の音訓《おんくん》をもつ漢字《かんじ》）

名前

● 次《つぎ》の漢字《かんじ》を使《つか》った、――線《せん》の言葉《ことば》の読《よ》みがなを書《か》きましょう。

① 金

㋐ かばんの金具がこわれる。

㋑ 宝石《ほうせき》を金庫で保管《ほかん》する。

㋒ 黄金のかんむりをかぶる。

② 家

㋐ 有名《ゆうめい》な作家の本《ほん》を読《よ》む。

㋑ 学校《がっこう》を出《で》て家路につく。

㋒ 今月《こんげつ》の家賃をはらう。

③ 間

㋐ 昼間に洗《せん》たく物《もの》を干《ほ》す。

㋑ 約束《やくそく》の時間に公園《こうえん》へ行《い》く。

㋒ それは世間に広《ひろ》く知《し》られた話《はなし》だ。

カンジー博士《はかせ》の漢字学習《かんじがくしゅう》の秘伝《ひでん》　(5)
(送《おく》り仮名《がな》)

名前

(1) 次《つぎ》の——線《せん》の言葉《ことば》を漢字《かんじ》と送《おく》り仮名《がな》で書《か》くとき、送《おく》り仮名《がな》が正《ただ》しい方《ほう》に○をつけましょう。

① 高《たか》い鉄棒《てつぼう》で逆上《さかあ》がりをこころみる。

(　)試ろみる　(　)試みる

② 計算《けいさん》が合《あ》っているかをたしかめる。

(　)確かめる　(　)確める

③ 大雨《おおあめ》で川《かわ》の水《みず》の量《りょう》がふえる。

(　)増える　(　)増る

④ 早朝《そうちょう》から母《はは》がパン屋《や》ではたらく。

(　)働らく　(　)働く

(2) 次《つぎ》の——線《せん》の言葉《ことば》を漢字《かんじ》と送《おく》り仮名《がな》で書《か》きましょう。漢字《かんじ》は□から選《えら》んで書《か》きましょう。

① 火事《かじ》の原因《げんいん》があきらかになる。　明らか

② みずからの目《め》で結果《けっか》を確認《かくにん》する。

③ 台風《たいふう》がふたたびやって来《く》る。

④ 夕方《ゆうがた》五時《ごじ》までにかならず帰《かえ》る。

自・必・明・再

カンジー博士《はかせ》の漢字学習《かんじがくしゅう》の秘伝《ひでん》 (6)

（送《おく》り仮名《がな》）

名前

(1) 次《つぎ》の——線《せん》の言葉《ことば》を漢字《かんじ》と送《おく》り仮名《がな》で書《か》きましょう。漢字《かんじ》は□から選《えら》んで書《か》きましょう。

① 雨《あめ》のいきおいが強《つよ》くなる。

② むずかしい問題《もんだい》を解《と》く。

③ あたたかいお茶《ちゃ》を飲《の》む。

④ しあわせな気分《きぶん》になる。

幸・勢・温・難

(2) 次《つぎ》の——線《せん》の言葉《ことば》を漢字《かんじ》と送《おく》り仮名《がな》で書《か》きましょう。漢字《かんじ》は□から選《えら》んで書《か》きましょう。

① 待《ま》ち合《あ》わせの時間《じかん》をわすれる。

② 音楽家《おんがくか》をこころざす。

③ 友達《ともだち》の家《いえ》をおとずれる。

④ 友達《ともだち》のさそいをことわる。

志・訪・忘・断

狂言《きょうげん》 柿山伏《かきやまぶし》 (1)

名前

● 次《つぎ》の文章《ぶんしょう》を二回《にかい》読《よ》んで、答《こた》えましょう。

1

狂言《きょうげん》は、せりふやしぐさを主《しゅ》とした劇《げき》で、能舞台《のうぶたい》の上《うえ》で演《えん》じられます。主役《しゅやく》を「シテ」、その相手役《あいてやく》を「アド」といいます。せりふは昔《むかし》の言葉《ことば》のままで、独特《どくとく》の調子《ちょうし》があります。観客《かんきゃく》に自己《じこ》しょうかいをしたり、物音《ものおと》を言葉《ことば》で表《あらわ》したりするというような工夫《くふう》もされています。

※しぐさ…身《み》ぶり。

2

狂言《きょうげん》には、大名《だいみょう》、大名《だいみょう》に仕《つか》える家臣《かしん》、山伏《やまぶし》、農民《のうみん》、神《かみ》、かみなり、おになどさまざまな人物《じんぶつ》が登場《とうじょう》し、それぞれが引《ひ》き起《お》こす失敗《しっぱい》やまちがいが楽《たの》しく愉快《ゆかい》に演《えん》じられます。

※家臣《かしん》…家来《けらい》。
※山伏《やまぶし》…山《やま》の中《なか》で修行《しゅぎょう》する者《もの》。

(令和二年度版　光村図書　国語六　創造　「狂言　柿山伏」による)

(習《なら》っていない漢字《かんじ》は、ひらがなで書《か》きましょう。)

1

(1) 狂言《きょうげん》は、何《なに》と何《なに》を主《しゅ》とした劇《げき》ですか。二《ふた》つ書《か》きましょう。

〔　　　〕
〔　　　〕

(2) せりふは、どんな特徴《とくちょう》がありますか。

〔　　　　のままで、　　　　がある。〕

(3) 狂言《きょうげん》の工夫《くふう》にあてはまるものを二《ふた》つ選《えら》んで、○をつけましょう。

(　) 観客《かんきゃく》に自己《じこ》しょうかいをする。
(　) 物音《ものおと》を楽器《がっき》で表《あらわ》す。
(　) 物音《ものおと》を言葉《ことば》で表《あらわ》す。

2

(1) 狂言《きょうげん》に登場《とうじょう》するさまざまな人物《じんぶつ》は、それぞれどんなことを引《ひ》き起《お》こしますか。文中《ぶんちゅう》の言葉《ことば》を二《ふた》つ書《か》き出《だ》しましょう。

〔　　　〕
〔　　　〕

(2) 登場人物《とうじょうじんぶつ》が引《ひ》き起《お》こすことは、狂言《きょうげん》ではどのように演《えん》じられますか。

〔　　　　演《えん》じられる。〕

狂言《きょうげん》 柿山伏《かきやまぶし》 (2)

名前

● 教科書《きょうかしょ》の「狂言《きょうげん》 柿山伏《かきやまぶし》」の全文《ぜんぶん》を読《よ》んだ後《あと》、次《つぎ》の文章《ぶんしょう》を二回《にかい》読《よ》んで、答《こた》えましょう。

1

柿主《かきぬし》 やい、やい、やい、やい、やい。

山伏《やまぶし》 そりゃ、見《み》つけられたそうな。かくれずは なるまい。

（と、顔《かお》をかくす。）

柿主《かきぬし》 さればこそ、顔《かお》をかくいた（かくした。）。あの柿《かき》の木のかげへかくれたを、ようよう（よくよく）見《み》れば、人《ひと》ではないと見《み》えた。

山伏《やまぶし》 ㋐まず落《お》ち着《つ》いた。人《ひと》ではないと申《もう》す。

※落《お》ち着《つ》いた…安心《あんしん》した。

2

柿主《かきぬし》 あれは からすじゃ。

山伏《やまぶし》 やあ、からすじゃと申《もう》す。

柿主《かきぬし》 からすならば鳴《な》くものじゃが、おのれは鳴《な》かぬか。

山伏《やまぶし》 これは鳴《な》かずは なるまい。

柿主《かきぬし》 おのれ、鳴《な》かずは 人《ひと》であろう。その弓矢《ゆみや》をおこせ（よこせ）、一矢《ひとや》に射殺《いころ》いてやろう。

山伏《やまぶし》 こかあ、こかあ、こかあ、こかあ。

柿主《かきぬし》 （笑《わら》って）さればこそ、鳴《な》いたり鳴《な》いたり。

（令和二年度版 光村図書 国語六 創造「狂言 柿山伏」による）

（習《なら》っていない漢字《かんじ》は、ひらがなで書《か》きましょう。）

1

(1) この狂言《きょうげん》に登場《とうじょう》する二人《ふたり》の人物《じんぶつ》を書《か》きましょう。

［　　　　］

［　　　　］

(2) 山伏《やまぶし》は、どこにかくれましたか。

［　　　　］のかげ。

(3) ㋐まず落《お》ち着《つ》いた（安心《あんしん》した）。とありますが、山伏《やまぶし》が安心《あんしん》したのは、なぜですか。○をつけましょう。

（　）柿主《かきぬし》が、何《なに》も見《み》てなかったから。

（　）柿主《かきぬし》が、かくれたのは人《ひと》ではないと言《い》ったから。

2 山伏《やまぶし》が鳴《な》きまねをした動物《どうぶつ》について答《こた》えましょう。

① 何《なん》の動物《どうぶつ》の鳴《な》きまねをしましたか。

［　　　　］

② 何《なん》といって鳴《な》きまねをしましたか。文中《ぶんちゅう》より書《か》き出《だ》しましょう。

［　　　　］

「柿山伏《かきやまぶし》」について (1)

名前

● 次《つぎ》の文章《ぶんしょう》を二回《にかい》読《よ》んで、答《こた》えましょう。

狂言《きょうげん》は日本《にほん》の古典芸能《こてんげいのう》です。

㋐古典《こてん》とは、人々《ひとびと》の大切《たいせつ》な心《こころ》の財産《ざいさん》として、長《なが》い間《あいだ》受《う》けつがれてきたものです。

そして、それは私《わたし》たちに、人間《にんげん》とは何《なに》かを教《おし》え、生《い》き方《かた》について考《かんが》えるヒントをあたえてくれるお手本《てほん》のようなものです。

※財産《ざいさん》…値打《ねう》ちのあるもの。価値《かち》のあるもの。

（令和二年度版　光村図書　国語六　創造　山本《やまもと》　東次郎《とうじろう》）

(1) 狂言《きょうげん》は、日本《にほん》のどんなものですか。文中《ぶんちゅう》の四文字《よんもじ》の言葉《ことば》で書《か》きましょう。

日本《にほん》の［　　　　］

(2) 筆者《ひっしゃ》は、㋐古典《こてん》とは、どういうものだと述《の》べていますか。二《ふた》つ書《か》きましょう。

人々《ひとびと》の大切《たいせつ》な［　　］として、［　　　　］もの。

私《わたし》たちに、［　　　　］を教《おし》え、［　　　　］について考《かんが》えるヒントをあたえてくれる［　　　　］のようなもの。

※「日本《にほん》」は「にっぽん」とも読《よ》みます。

「柿山伏《かきやまぶし》」について　(2)

名前

● 次《つぎ》の文章《ぶんしょう》を二回《にかい》読《よ》んで、答《こた》えましょう。

1

狂言《きょうげん》の「柿山伏《かきやまぶし》」は、空腹《くうふく》のあまり、他人《たにん》の柿《かき》の木《き》に登《のぼ》って、勝手《かって》に柿《かき》を食《た》べてしまった山伏《やまぶし》が、その持《も》ち主《ぬし》にこらしめられるお話《はなし》です。

※空腹《くうふく》…おなかがすいていること。

2

山伏《やまぶし》は厳《きび》しい修行《しゅぎょう》を積《つ》みましたが、生《い》きている以上《いじょう》、やはりおなかもすきます。多《おお》くの力《ちから》や術《じゅつ》を㋐身《み》につけたといばっていますが、手品《てじな》のように食《た》べ物《もの》を出《だ》すことはできません。山伏《やまぶし》もふつうの人間《にんげん》と変《か》わりないのです。

※修行《しゅぎょう》…特別《とくべつ》な力《ちから》や術《じゅつ》を手《て》に入《い》れようと、努力《どりょく》を積《つ》み重《かさ》ねること。

（令和二年度版　光村図書　国語六　創造　山本《やまもと》　東次郎《とうじろう》）

1 狂言《きょうげん》の「柿山伏《かきやまぶし》」は、どんなお話《はなし》ですか。
（習《なら》っていない漢字《かんじ》は、ひらがなで書《か》きましょう。）

おなかがすいた［　　　　］が、他人《たにん》の柿《かき》の木《き》に登《のぼ》って、勝手《かって》に柿《かき》を［　　　　］しまい、その持《も》ち主《ぬし》に［　　　　］お話《はなし》。

2

(1) ㋐身《み》につけたについて答《こた》えましょう。

① 「身《み》につける」とは、どんな意味《いみ》ですか。〇をつけましょう。

（　）全身《ぜんしん》をきれいに着《き》かざる。

（　）練習《れんしゅう》や訓練《くんれん》で、技術《ぎじゅつ》を自分《じぶん》のものにする。

② 山伏《やまぶし》は、何《なに》を身《み》につけたといばっていますか。

［　　　　　　　　］

(2) 山伏《やまぶし》が、ふつうの人間《にんげん》と同《おな》じなのは、何《なに》ができないところですか。

手品《てじな》のように［　　　　］ができないところ。

「柿《かき》山伏《やまぶし》」について　(3)

名前

● 次《つぎ》の文章《ぶんしょう》を二回《にかい》読《よ》んで、答《こた》えましょう。

1

狂言《きょうげん》は、特別《とくべつ》な人《ひと》の身《み》の上《うえ》に起《お》こった特殊《とくしゅ》な事件《じけん》ではなく、だれの身《み》にも起《お》こり、だれもが経験《けいけん》しそうな出来事《できごと》をえがいています。見《み》る人々《ひとびと》がそれぞれ、自分《じぶん》のこととして考《かんが》えるとよいのです。

※特殊《とくしゅ》…ふつうとはちがっていること。めずらしいこと。

2

柿《かき》の持《も》ち主《ぬし》にからかわれた山伏《やまぶし》は、木《き》の上《うえ》で、言《い》われるままに、必死《ひっし》になって からす・さる・とびのまねをします。

それは、だれもが、そうした立場《たちば》になれば自分《じぶん》の罪《つみ》をおおいかくそうとする姿《すがた》を、㋐こんな形《かたち》で表《あらわ》しているのです。

※おおいかくす…かくすこと。

（令和二年度版　光村図書　国語六　創造　山本《やまもと》　東次郎《とうじろう》）

1

(1) 狂言《きょうげん》は、どんな出来事《できごと》をえがいていますか。文中《ぶんちゅう》の言葉《ことば》で書《か》きましょう。

［　　　　　　］出来事《できごと》。

(2) 見《み》る人々《ひとびと》は、狂言《きょうげん》でえがかれる出来事《できごと》を、それぞれ、どう考《かんが》えるとよいと筆者《ひっしゃ》は述《の》べていますか。

［　　　　　　］として考《かんが》える。

2

㋐こんな形《かたち》とは、だれが、どこで、何《なに》をしたことを指《さ》していますか。
（習《なら》っていない漢字《かんじ》は、ひらがなで書《か》きましょう。）

・だれ（が）　［　　　　］が

・どこ（で）　［　　　　］で

・何《なに》をした

持《も》ち主《ぬし》に言《い》われるままに、必死《ひっし》になって［　　　　　　］をしたこと。

大切《たいせつ》にしたい言葉《ことば》 (1)

名前

教科書《きょうかしょ》の「大切《たいせつ》にしたい言葉《ことば》」を読《よ》んで、答《こた》えましょう。

(1) 次《つぎ》の文章《ぶんしょう》は、「座右《ざゆう》の銘《めい》」について説明《せつめい》したものです。（　）にあてはまる言葉《ことば》を［　］から選《えら》んで書《か》きましょう。

座右《ざゆう》の銘《めい》とは、いつも（　　　）において、自分《じぶん》をはげましたり、自分《じぶん》の（　　　）としたりする言葉《ことば》のことである。だれかに言《い》ってもらったり、新聞《しんぶん》や（　　　）を読《よ》む中《なか》で見《み》つけたりするとよい。

［本《ほん》・目標《もくひょう》・身近《みぢか》］

(2) 「座右《ざゆう》の銘《めい》」にしたい言葉《ことば》を一《ひと》つ選《えら》んで、それについて経験《けいけん》と結《むす》び付《つ》けて文章《ぶんしょう》を書《か》きます。次《つぎ》の文《ぶん》は、その構成《こうせい》メモです。文章《ぶんしょう》を読《よ》んで、問題《もんだい》に答《こた》えましょう。

八百字程度《はっぴゃくじていど》（原稿用紙二枚程度《げんこうようしにまいていど》）

初《はじ》め　・選《えら》んだ座右《ざゆう》の銘《めい》。

中《なか》　・座右《ざゆう》の銘《めい》についての（ア）。
・座右《ざゆう》の銘《めい》に結《むす》び付《つ》く（イ）。

終《お》わり　・今後《こんご》、座右《ざゆう》の銘《めい》を大切《たいせつ》にしながら、どのように生活《せいかつ》していくか。

① どのくらいの字数《じすう》で書《か》く決《き》まりになっていますか。

［　　　　］程度《ていど》。

② ア、イにあてはまる言葉《ことば》を［　］から選《えら》んで書《か》きましょう。

ア［　　　　］

イ［　　　　］

［経験《けいけん》・説明《せつめい》］

（令和二年度版　光村図書　国語六　創造「大切にしたい言葉」による）

大切《たいせつ》にしたい言葉《ことば》 (2)

名前

教科書《きょうかしょ》の「大切《たいせつ》にしたい言葉《ことば》」を読《よ》んで、答《こた》えましょう。

(1) 一度《いちど》書《か》いた文章《ぶんしょう》をよりよくするために、どのような点《てん》に注意《ちゅうい》して推敲《すいこう》すればよいでしょう。（　）にあてはまる言葉《ことば》を□から選《えら》んで書《か》きましょう。

① 読《よ》みにくいところや、（　　　）ところはないか。

② くわしく書《か》くとよいところと、（　　　）書《か》くとよいところはどこか。

③ 考《かんが》えたことや（　　　）ことにぴったりの言葉《ことば》かどうか。

簡単《かんたん》に ・ 感《かん》じた ・ 分《わ》かりにくい

(2) 次《つぎ》の文章《ぶんしょう》は、「座右《ざゆう》の銘《めい》」について書《か》いた下書《したが》きの文章《ぶんしょう》の一部分《いちぶぶん》です。文章《ぶんしょう》を読《よ》んで、問題《もんだい》に答《こた》えましょう。

私《わたし》が座右《ざゆう》の銘《めい》にしたい言葉《ことば》は、「日々《ひび》の積《つ》み重《かさ》ねが自信《じしん》をつくる」だ。㋐これは、二〇二〇年十月《にせんにじゅうねんじゅうがつ》二十四日《にじゅうよっか》のひかり新聞《しんぶん》でのインタビュー記事《きじ》の中《なか》で私《わたし》が読《よ》んだ、体操選手《たいそうせんしゅ》の川野歩実《かわのあゆみ》さんの言葉《ことば》だ。

（令和二年度版　光村図書　国語六　創造　「大切にしたい言葉」による）

① この文章《ぶんしょう》の作者《さくしゃ》が座右《ざゆう》の銘《めい》にしたい言葉《ことば》は、何《なん》ですか。

② ㋐これは、二〇二〇年《にせんにじゅうねん》…の言葉《ことば》だ。の一文《いちぶん》について、どのように直《なお》すと読《よ》みやすくなると考《かんが》えられますか。○をつけましょう。

（　）一文《いちぶん》としては長《なが》すぎるので、二《ふた》つの文《ぶん》に分《わ》ける。

（　）説明《せつめい》の言葉《ことば》をもっと付《つ》け足《た》す。

季節《きせつ》の言葉《ことば》4

冬《ふゆ》のおとずれ (1)

名前

教科書《きょうかしょ》の「季節《きせつ》の言葉《ことば》4　冬《ふゆ》のおとずれ」を読《よ》んで、答《こた》えましょう。

● 次《つぎ》の説明《せつめい》にあてはまる二十四節気《にじゅうしせっき》の言葉《ことば》を□から選《えら》んで□に書《か》きましょう。
また、その読《よ》みがなを（　）に書《か》きましょう。

（読《よ》みがな）

① こよみのうえで、冬《ふゆ》が始《はじ》まる日《ひ》。（十一月七日《じゅういちがつなのか》ごろ）
立□（りっとう）

② 寒《さむ》さはまだ深《ふか》まっておらず、雪《ゆき》もそれほど多《おお》くはないころ。（十一月二十二日《じゅういちがつにじゅうににち》ごろ）
小雪（　）

③ 寒気《かんき》が増《ま》し、雪《ゆき》も激《はげ》しくなってくるころ。（十二月七日《じゅうにがつなのか》ごろ）
大□（　）

④ 一年《いちねん》の中《なか》で、昼《ひる》の時間《じかん》が最《もっと》も短《みじか》く、夜《よる》が最《もっと》も長《なが》い日《ひ》。（十二月二十二日《じゅうにがつにじゅうににち》ごろ）
□□（　）

⑤ 寒《かん》（この日《ひ》から立春《りっしゅん》になるまでの期間《きかん》）に入《はい》る日《ひ》。（一月五日《いちがついつか》ごろ）
小□（　）

⑥ 一年《いちねん》の中《なか》で最《もっと》も寒《さむ》い時期《じき》。（一月二十日《いちがつはつか》ごろ）
大寒（　）

小雪《しょうせつ》・小寒《しょうかん》・立冬《りっとう》
大雪《たいせつ》・大寒《だいかん》・冬至《とうじ》

季節《きせつ》の言葉《ことば》4

冬《ふゆ》のおとずれ (2)

名前

● 次《つぎ》の短歌《たんか》や俳句《はいく》を二回《にかい》ずつ音読《おんどく》して、答《こた》えましょう。

1

あたらしく冬《ふゆ》きたりけり鞭《むち》のごと
幹《みき》ひびき合《あ》(い)ひ竹群《たかむら》はあり

宮《みや》 柊二《しゅうじ》

※竹群《たかむら》…竹《たけ》やぶ。竹《たけ》の林《はやし》。

2

寒《かん》に入《い》る夜《よる》や星空《ほしぞら》きらびやか

長谷川《はせがわ》 素逝《そせい》

1

(1) 五《ご》・七《しち》・五《ご》・七《しち》・七《しち》のリズムで読《よ》めるように、上《うえ》の短歌《たんか》を／線《せん》で区切《くぎ》りましょう。

(2) 作者《さくしゃ》はどんな様子《ようす》に冬《ふゆ》を感《かん》じていますか。短歌《たんか》の中《なか》から（　）にあてはまる言葉《ことば》を書《か》き出《だ》しましょう。
(習《なら》っていない漢字《かんじ》は、ひらがなで書《か》きましょう。)

冬《ふゆ》の風《かぜ》がふき、竹《たけ》やぶの竹《たけ》がまるで（　　　）のように曲《ま》がって、（　　　）を打《う》ち鳴《な》らして音《おと》をひびき合《あ》わせている様子《ようす》。

2

(1) 五《ご》・七《しち》・五《ご》のリズムで読《よ》めるように、上《うえ》の俳句《はいく》を／線《せん》で区切《くぎ》りましょう。

(2) 冬《ふゆ》を表《あらわ》す季語《きご》を見《み》つけて、俳句《はいく》の中《なか》の四文字《よんもじ》の言葉《ことば》で書《か》きましょう。

(3) 作者《さくしゃ》は、寒《かん》に入《い》る日《ひ》の夜《よる》の、何《なに》を見《み》てきらびやかだといっていますか。俳句《はいく》の中《なか》の言葉《ことば》で答《こた》えましょう。

（　　　）

(令和二年度版　光村図書　国語六　創造「季節の言葉4　冬のおとずれ」による)

詩《し》を朗読《ろうどく》してしょうかいしよう　(1)

〈ぽくぽく〉

名前

● 次《つぎ》の詩《し》を二回音読《にかいおんどく》して、答《こた》えましょう。

〈ぽくぽく〉

八木《やぎ》　重吉《じゅうきち》

ぽくぽく
ぽくぽく
まりを　ついていると
にがい　にがい　いままでのことが
ぽくぽく
ぽくぽく
むすびめが　ほぐされて
花《はな》がさいたようにみえてくる

※まり…ボールのこと。
※ほぐす…もつれた結《むす》び目《め》をほどく。
かたまっていたものをやわらかくする。

（令和二年度版　光村図書　国語六　創造　八木　重吉）

(1) この詩《し》の中《なか》でくり返《かえ》し出《で》てくる言葉《ことば》を四文字《よんもじ》で書《か》きましょう。

(2) 「ぽくぽく」とは、何《なん》の音《おと》ですか。

音《おと》。

(3) にがい　にがい　いままでのこととは、どんなことを表《あらわ》していると考《かんが》えられますか。○をつけましょう。

（　）楽《たの》しかった思《おも》い出《で》。

（　）過去《かこ》のつらかったこと。

(4) 「ぽくぽく」とまりをついていると、にがい　にがい　いままでのことのむすびめがほぐされて、どのようにみえてくるといっていますか。詩《し》の中《なか》の一行《いちぎょう》を書《か》き出《だ》しましょう。

詩《し》を朗読《ろうどく》してしょうかいしよう (2)
動物《どうぶつ》たちの恐《おそ》ろしい夢《ゆめ》のなかに

名前

● 次《つぎ》の詩《し》を二回音読《にかいおんどく》して、答《こた》えましょう。

動物《どうぶつ》たちの恐《おそ》ろしい夢《ゆめ》のなかに

川崎《かわさき》 洋《ひろし》

犬《いぬ》も
馬《うま》も
夢《ゆめ》をみるらしい

動物《どうぶつ》たちの
恐《おそ》ろしい夢《ゆめ》のなかに
人間《にんげん》がいませんように

（令和二年度版 光村図書 国語六 創造 川崎 洋）

(1) 何連《なんれん》で書《か》かれた詩《し》ですか。

［　　］連《れん》。

(2) どの動物《どうぶつ》が夢《ゆめ》をみるらしいといっていますか。二《ふた》つ書《か》きましょう。

(3) 犬《いぬ》と馬《うま》だけが夢《ゆめ》をみるらしいと、作者《さくしゃ》は考《かんが》えていますか。○をつけましょう。

（　）はい。

（　）いいえ。他《ほか》にも夢《ゆめ》をみる動物《どうぶつ》たちがいると考《かんが》えている。

(4) 動物《どうぶつ》たちがみる夢《ゆめ》についての、作者《さくしゃ》の願《ねが》いが書《か》かれているところを詩《し》の中《なか》から書《か》き出《だ》しましょう。
（習《なら》っていない漢字《かんじ》は、ひらがなで書《か》きましょう。）

詩《し》を朗読《ろうどく》してしょうかいしよう (3)
うぐいす

名前

● 次《つぎ》の詩《し》を二回音読《にかいおんどく》して、答《こた》えましょう。

うぐいす

武鹿《ぶしか》 悦子《えつこ》

うぐいすの　こえ
すきとおる
はるのつめたさ
におわせて

うぐいすの　こえ
すきとおる
うちゅうが　一《いっ》しゅん
しん、とする

※すきとおる…声《こえ》がすんでいて、よく聞《き》こえること。

（令和二年度版　光村図書　国語六　創造　武鹿　悦子）

(1) 何連《なんれん》で書《か》かれた詩《し》ですか。

［　　］連《れん》。

(2) 詩《し》の中《なか》でくり返《かえ》し書《か》かれている二行《にぎょう》を書《か》き出《だ》しましょう。

(3) この詩《し》でえがかれている季節《きせつ》は、いつだと考《かんが》えられますか。一《ひと》つに○をつけましょう。

（　）早春《そうしゅん》。
（　）春《はる》の終《お》わりごろ。
（　）初夏《しょか》。

(4) まわりがとても静《しず》かなようすが分《わ》かる表現《ひょうげん》を、詩《し》の中《なか》から二行《にぎょう》で書《か》き出《だ》しましょう。

仮名《かな》の由来《ゆらい》

名前

教科書《きょうかしょ》の「仮名《かな》の由来《ゆらい》」を読《よ》んで、答《こた》えましょう。

(1) 次《つぎ》の説明《せつめい》に合《あ》う文字《もじ》の名前《なまえ》を□から選《えら》んで書《か》きましょう。

① 仮名《かな》がない時代《じだい》に、「波留《ハル》（春《はる》）」「奈都《ナツ》（夏《なつ》）」のように、日本語《にほんご》の発音《はつおん》を表《あらわ》すために、漢字《かんじ》の音《おと》を借《か》りて表《あらわ》したもの。 □

② 平安時代《へいあんじだい》に、万葉仮名《まんようがな》をくずして書《か》くところから生《う》まれたもの。 □

③ 平安時代《へいあんじだい》に、万葉仮名《まんようがな》の形《かたち》の一部《いちぶ》を取《と》って書《か》くところから生《う》まれたもの。 □

片仮名《かたかな》 ・ 平仮名《ひらがな》 ・ 万葉仮名《まんようがな》

(2) 次《つぎ》の漢字《かんじ》からできた平仮名《ひらがな》を□から選《えら》んで□に書《か》きましょう。

① 安 ―「」― □

② 以 ―「」― □

③ 奈 ―「」― □

な ・ い ・ あ

(3) 次《つぎ》の漢字《かんじ》からできた片仮名《かたかな》を□から選《えら》んで□に書《か》きましょう。

① 阿 ― □

② 伊 ― □

③ 保 ― □

イ ・ ホ ・ ア

メディアと人間《にんげん》社会《しゃかい》 (1)

名前

● 教科書《きょうかしょ》の「メディアと人間社会《にんげんしゃかい》」の全文《ぜんぶん》を読《よ》んだ後《あと》、次《つぎ》の文章《ぶんしょう》を二回《にかい》読《よ》んで、答《こた》えましょう。

1

やがて、電波《でんぱ》を使《つか》って映像《えいぞう》を送《おく》るテレビ放送《ほうそう》が始《はじ》まります。テレビは、ラジオとはちがい、いちいち言葉《ことば》や効果音《こうかおん》で説明《せつめい》しなくても、映《うつ》された場所《ばしょ》の様子《ようす》、人物《じんぶつ》の服装《ふくそう》や顔立《かおだ》ちなどが瞬時《しゅんじ》に理解《りかい》されます。また、遠《とお》くはなれた世界《せかい》の映像《えいぞう》も同時《どうじ》に中継《ちゅうけい》することができます。

※いちいち…一《ひと》つ一《ひと》つ。
※瞬時《しゅんじ》に…あっという間《ま》に。すぐに。
※中継《ちゅうけい》…現場《げんば》の様子《ようす》を放送局《ほうそうきょく》が中《なか》つぎして放送《ほうそう》すること。

2

テレビは、情報《じょうほう》をありありと伝《つた》えたい、理解《りかい》したいという人々《ひとびと》の思《おも》いに応《こた》えるものだったのです。人々《ひとびと》は、テレビから伝《つた》えられる内容《ないよう》の豊富《ほうふ》さに圧倒《あっとう》され、ラジオ以上《いじょう》に、㋐放送《ほうそう》されたものが動《うご》きようのない事実《じじつ》だと受《う》け取《と》られるようになりました。社会《しゃかい》に対《たい》するえいきょう力《りょく》も、さらに大《おお》きなものになったのです。

※ありありと…はっきりと。
※豊富《ほうふ》さ…たくさんあること。
※動《うご》きようのない…変《か》わらない。

（令和二年度版　光村図書　国語六　創造　池上《いけがみ》　彰《あきら》）

1

(1) ここで説明《せつめい》されているのは、何《なん》というメディアですか。

(2) テレビがラジオとちがうところは、どんなところですか。二《ふた》つに○をつけましょう。

（　）言葉《ことば》の説明《せつめい》が必《かなら》ずいるところ。
（　）映《うつ》された場所《ばしょ》や人物《じんぶつ》の様子《ようす》が、説明《せつめい》がなくてもすぐに分《わ》かるところ。
（　）遠《とお》い場所《ばしょ》の映像《えいぞう》をそのまま見《み》せること。

2

(1) テレビ放送《ほうそう》は、人々《ひとびと》のどのような思《おも》いに応《こた》えるものですか。

情報《じょうほう》をありありと［　　］たい、［　　］したいという人々《ひとびと》の思《おも》い。

(2) テレビで㋐放送《ほうそう》されたものは、人々《ひとびと》に何《なん》だと受《う》け取《と》られるようになりましたか。

メディアと人間《にんげん》社会《しゃかい》 (2)

名前

● 次《つぎ》の文章《ぶんしょう》を二回《にかい》読《よ》んで、答《こた》えましょう。

1

そして、二十世紀《にじっせいき》の終《お》わりが近《ちか》づくと、インターネットが発明《はつめい》されます。かつては、情報《じょうほう》を広《ひろ》く発信《はっしん》したいと思《おも》っても、それができるのは限《かぎ》られた人《ひと》だけでした。㋐インターネットの登場《とうじょう》で、ごくふつうの人々《ひとびと》が手軽《てがる》に情報《じょうほう》を発信《はっしん》できるようになり、これまで報《ほう》じられなかったような、社会《しゃかい》や個人《こじん》に関《かか》わる情報《じょうほう》が伝《つた》えられるようになったのです。

※報《ほう》じる…知《し》らせる。

2

しかし、手軽《てがる》であるということは、誤《あやま》った内容《ないよう》も簡単《かんたん》に広《ひろ》まるということでもあります。また、わざとうその情報《じょうほう》をまぎれこませることも容易《ようい》になりました。現在《げんざい》では、こうした情報《じょうほう》で㋑社会《しゃかい》が混乱《こんらん》することも起《お》こっています。

※誤《あやま》った…まちがった。
※容易《ようい》に…簡単《かんたん》に。

（令和二年度版　光村図書　国語六　創造　池上《いけがみ》　彰《あきら》）

1

(1) 二十世紀《にじっせいき》の終《お》わりごろに発明《はつめい》されたメディアは、何《なん》ですか。

（　　　　）

(2) ㋐インターネットの登場《とうじょう》で、できるようになったよいことを二《ふた》つ書《か》きましょう。

ごくふつうの人々《ひとびと》が、（　　　）に情報《じょうほう》を（　　　）できること。

これまで報《ほう》じられなかったような、（　　　）や（　　　）に関《かか》わる情報《じょうほう》が（　　　）こと。

2

㋑社会《しゃかい》が混乱《こんらん》することが起《お》こるのは、簡単《かんたん》に広《ひろ》まるインターネットにどんな短所《たんしょ》があるからですか。文中《ぶんちゅう》の言葉《ことば》で、二《ふた》つ書《か》きましょう。

（　　　）内容《ないよう》も簡単《かんたん》に広《ひろ》まるということ。

わざと（　　　）を（　　　）ことが容易《ようい》にできるということ。

メディアと人間《にんげん》社会《しゃかい》 (3)

名前

● 次《つぎ》の文章《ぶんしょう》を二回《にかい》読《よ》んで、答《こた》えましょう。

1

メディアは、「思《おも》いや考《かんが》えを伝《つた》え合《あ》いたい。」「社会《しゃかい》がどうなっているのかを知《し》りたい。」という人間《にんげん》の欲求《よっきゅう》と関《かか》わりながら進化《しんか》してきました。その結果《けっか》、今《いま》、私《わたし》たちは、大量《たいりょう》の情報《じょうほう》に囲《かこ》まれる社会《しゃかい》に生《い》きています。

今後《こんご》も新《あたら》しいメディアが生《う》まれ、社会《しゃかい》に対《たい》してえいきょう力《りょく》をもつでしょう。

※欲求《よっきゅう》…何《なに》かをほしがり、求《もと》める気持《きも》ち。

2

しかし、どんなメディアが登場《とうじょう》しても重要《じゅうよう》なのは、私《わたし》たち人間《にんげん》がどんな欲求《よっきゅう》をもっているか、そして、その結果《けっか》メディアにどんなことを求《もと》めているのかを意識《いしき》し、メディアと付《つ》き合《あ》っていくことなのではないでしょうか。

（令和二年度版　光村図書　国語六　創造　池上《いけがみ》　彰《あきら》）

1

(1) メディアは、どのような人間《にんげん》の欲求《よっきゅう》と関《かか》わりながら進化《しんか》してきましたか。文中《ぶんちゅう》から二《ふた》つ書《か》き出《だ》しましょう。

(2) メディアの進化《しんか》の結果《けっか》、今《いま》、私《わたし》たちは、どんな社会《しゃかい》に生《い》きていますか。

囲《かこ》まれる社会《しゃかい》。

（　　　　）に

2

今後《こんご》、新《あたら》しいメディアが登場《とうじょう》するときに重要《じゅうよう》なのは、どんなことを意識《いしき》してメディアと付《つ》き合《あ》っていくことだと筆者《ひっしゃ》は述《の》べていますか。

私《わたし》たち人間《にんげん》が（　　　　）、そして、その結果《けっか》メディアに（　　　　）を意識《いしき》し、メディアと付《つ》き合《あ》っていくこと。

大切《たいせつ》な人《ひと》と深《ふか》くつながるために　(1)

名前

● 教科書《きょうかしょ》の「大切《たいせつ》な人《ひと》と深《ふか》くつながるために」の全文《ぜんぶん》を読《よ》んだ後《あと》、次《つぎ》の文章《ぶんしょう》を二回《にかい》読《よ》んで、答《こた》えましょう。

1

　では、コミュニケーションが得意《とくい》になるためには、どうしたらいいのでしょう。コミュニケーションは、おたがいがうまく折《お》り合《あ》いをつけるための技術《ぎじゅつ》です。スポーツの場合《ばあい》、テクニックをみがく方法《ほうほう》を知《し》っていますか。そう、何回《なんかい》も何回《なんかい》も練習《れんしゅう》しますね。

㋐コミュニケーションも同《おな》じです。

※コミュニケーション…おたがいの気持《きも》ちや考《かんが》えを伝《つた》え合《あ》うこと。
※折《お》り合《あ》い…たがいにゆずり合《あ》って、いい関係《かんけい》をもつこと。
※テクニック…わざ。技術《ぎじゅつ》。

2

　相手《あいて》とぶつかり、むっとしたり、苦手《にがて》だなあと思《おも》ったりしても、㋑いろんな相手《あいて》といろんな場所《ばしょ》で何度《なんど》もコミュニケーションしていくうちに、話《はな》し方《かた》や断《ことわ》り方《かた》、アドバイスのしかた、要求《ようきゅう》のしかたが得意《とくい》になっていくのです。

※要求《ようきゅう》…こうしてほしいと強《つよ》く求《もと》めること。

（令和二年度版　光村図書　国語六　創造　鴻上《こうかみ》　尚史《しょうじ》）

1

(1) コミュニケーションは、何《なに》をするための技術《ぎじゅつ》だと筆者《ひっしゃ》は述《の》べていますか。

［　　　　　　　　］ための技術《ぎじゅつ》。

(2) ㋐コミュニケーションも同《おな》じとありますが、スポーツとコミュニケーションに共通《きょうつう》する、テクニックをみがく方法《ほうほう》は、どんなところが同《おな》じですか。文中《ぶんちゅう》の言葉《ことば》で書《か》きましょう。

［　　　　　　　　］するところ。

2

㋑いろんな相手《あいて》といろんな場所《ばしょ》で何度《なんど》もコミュニケーションするうちに、得意《とくい》になっていくことは、何《なん》ですか。文中《ぶんちゅう》から四《よっ》つ書《か》き出《だ》しましょう。

大切《たいせつ》な人《ひと》と深《ふか》くつながるために (2)

名前

● 次《つぎ》の文章《ぶんしょう》を二回《にかい》読《よ》んで、答《こた》えましょう。

1

昔《むかし》は、話《はな》し相手《あいて》や遊《あそ》び相手《あいて》は人間《にんげん》しかいませんでしたから、ぶつかり、きそい、交渉《こうしょう》する中《なか》で、コミュニケーションの技術《ぎじゅつ》はみがかれました。

※交渉《こうしょう》…何《なに》かを決《き》めようとして、相手《あいて》と話《はな》し合《あ》うこと。
※みがく…努力《どりょく》して、よりよいものにする。

2

でも、最近《さいきん》はインターネットが発達《はったつ》して、人《ひと》は人《ひと》と直接《ちょくせつ》話《はな》さなくても、時間《じかん》が過《す》ごせるようになりました。大人《おとな》たちは、メールやゲームをしたり、ウェブサイトを見《み》たりする時間《じかん》が増《ふ》えて、どんどん人間《にんげん》との直接《ちょくせつ》のコミュニケーションが苦手《にがて》になっています。

（令和二年度版　光村図書　国語六　創造　鴻上《こうかみ》　尚史《しょうじ》）

1

(1) 昔《むかし》は、話《はな》し相手《あいて》や遊《あそ》び相手《あいて》といえば、だれしかいませんでしたか。

(2) 昔《むかし》、ぶつかり、きそい、交渉《こうしょう》する中《なか》でみがかれたものは、何《なん》ですか。

2

(1) 最近《さいきん》は、人《ひと》と人《ひと》が直接《ちょくせつ》話《はな》さなくても時間《じかん》が過《す》ごせるようになったのは、何《なに》が発達《はったつ》したからですか。

(2) 最近《さいきん》の大人《おとな》たちは、何《なん》の時間《じかん》が増《ふ》えていますか。

［　　］や［　　］をしたり、［　　］を見《み》たりする時間《じかん》。

(3) 最近《さいきん》の大人《おとな》たちがどんどん苦手《にがて》になっていることは、何《なん》ですか。

大切《たいせつ》な人《ひと》と深《ふか》くつながるために　(3)

名前

● 次《つぎ》の文章《ぶんしょう》を二回《にかい》読《よ》んで、答《こた》えましょう。

1

㋐あなたはどうですか。人《ひと》と会話《かいわ》する時間《じかん》は増《ふ》えていますか。減《へ》っていますか。本当《ほんとう》に自分《じぶん》の言《い》いたいことを言《い》い、本当《ほんとう》にしたいことをしようと思《おも》ったら、あなたは人《ひと》とぶつかります。㋑それが、あなたがあなたの人生《じんせい》を生《い》きるということです。そういうときは、悲《かな》しむのではなく、「コミュニケーションの練習《れんしゅう》をしている」と思《おも》ってください。

2

最初《さいしょ》は苦《くる》しいですが、だいじょうぶ。スポーツと同《おな》じで、やればやるだけまちがいなく上達《じょうたつ》します。そうして、あなたは大切《たいせつ》な人《ひと》と出会《であ》い、深《ふか》くつながっていくのです。

（令和二年度版　光村図書　国語六　創造　鴻上《こうかみ》　尚史《しょうじ》）

1

(1) ㋐あなたはどうですか。…減《へ》っていますか。という三《みっ》つの文章《ぶんしょう》は、どんな特徴《とくちょう》のある表現《ひょうげん》ですか。○をつけましょう。

（　）読者《どくしゃ》を意識《いしき》し、問《と》いかけるような文体《ぶんたい》で書《か》かれている。

（　）読者《どくしゃ》に分《わ》かりやすいよう、事例《じれい》を挙《あ》げて示《しめ》している。

(2) ㋑それとは、何《なに》を指《さ》していますか。

（　　　　）を言《い》い、（　　　　）をしようと思《おも》って、人《ひと》と（　　　　）こと。

2

筆者《ひっしゃ》の考《かんが》えに合《あ》うものに○、合《あ》わないものに×をつけましょう。

（　）コミュニケーションの練習《れんしゅう》で、人《ひと》とぶつかるのは、いつでも楽《たの》しいものだ。

（　）コミュニケーションとは、最初《さいしょ》から最後《さいご》まで苦《くる》しいものだ。

（　）スポーツとコミュニケーションは、どちらもやればやるだけ上達《じょうたつ》する。

プログラミングで未来《みらい》を創《つく》る (1)

名前

● 次《つぎ》の文章《ぶんしょう》を二回《にかい》読《よ》んで、答《こた》えましょう。

1

㋐みなさんが大人《おとな》になるころには、今《いま》ある多《おお》くの職業《しょくぎょう》はなくなっているかもしれません。コンピュータにとって代《か》わられてしまう仕事《しごと》があるからです。

二〇四五年《にせんよんじゅうごねん》には、AI（人工知能《じんこうちのう》）が人間《にんげん》の能力《のうりょく》をこえるという説《せつ》もあります。

※AI（人工知能《じんこうちのう》）…コンピュータを使《つか》って、人間《にんげん》の知的《ちてき》な機能《きのう》の働《はたら》きを人工的《じんこうてき》に実現《じつげん》したもの。

2

機械《きかい》の登場《とうじょう》により、これまでにも多《おお》くの仕事《しごと》がなくなりました。自動車《じどうしゃ》の発明《はつめい》で馬車《ばしゃ》を引《ひ》く仕事《しごと》は失《うしな》われました。自動改札《じどうかいさつ》ができ、駅《えき》で切符《きっぷ》を切《き》る人《ひと》は減《へ》りました。今後《こんご》もその流《なが》れは変《か》わらず、仕事《しごと》によってはAIが担《にな》っていくかもしれません。

※担《にな》う…受《う》け持《も》つ。

（令和二年度版　光村図書　国語六　創造　石戸《いしど》　奈々子《ななこ》）

1

(1) ㋐みなさんが…今《いま》ある多《おお》くの職業《しょくぎょう》はなくなっているかもしれません。とありますが、それは、なぜですか。文中《ぶんちゅう》の言葉《ことば》で書《か》き出《だ》しましょう。

(2) 二〇四五年《にせんよんじゅうごねん》には、AI（人工知能《じんこうちのう》）が、何《なに》をこえるという説《せつ》がありますか。

2

(1) これまでにも多《おお》くの仕事《しごと》がなくなったのは、何《なに》が登場《とうじょう》したからですか。

(2) 馬車《ばしゃ》を引《ひ》く仕事《しごと》は、何《なに》が発明《はつめい》されて失《うしな》われましたか。

(3) 駅《えき》で切符《きっぷ》を切《き》る人《ひと》が減《へ》ったのは、何《なに》ができたからですか。

プログラミングで未来《みらい》を創《つく》る (2)

名前

● 次《つぎ》の文章《ぶんしょう》を二回《にかい》読《よ》んで、答《こた》えましょう。

1

これからは、あらゆる場面《ばめん》でコンピュータが使《つか》われるようになります。電車《でんしゃ》や信号機《しんごうき》など社会全体《しゃかいぜんたい》に関《かか》わるものだけでなく、台所《だいどころ》やふろなど家《いえ》の中《なか》のものも、コンピュータで動《うご》くようになるのです。

2

時《とき》には、それらがインターネットでつながり、AIによって自《みずか》ら学習《がくしゅう》し、判断《はんだん》していくようになるでしょう。そして、それらは全《すべ》て、コンピュータを動《うご》かす命令《めいれい》である「プログラム」によって動《うご》いているのです。

（令和二年度版　光村図書　国語六　創造　石戸《いしど》　奈々子《ななこ》）

1

(1) これからは、あらゆる場面《ばめん》で何《なに》が使《つか》われるようになりますか。

（　　　）

(2) これからは、どんなものがコンピュータで動《うご》くようになりますか。文中《ぶんちゅう》の言葉《ことば》で二《ふた》つ書《か》きましょう。

（　　　に関《かか》わるもの。）

（　　　の中《なか》のもの。）

2

(1) コンピュータで動《うご》くようになったものは全《すべ》て、何《なに》によって動《うご》いていますか。文中《ぶんちゅう》の五文字《ごもじ》の言葉《ことば》で書《か》きましょう。

□□□□□

(2) 「プログラム」とは、どんなものですか。

（コンピュータを動《うご》かす　　　。）

漢字《かんじ》を正《ただ》しく使《つか》えるように (1)
（訓《くん》読《よ》みの場合《ばあい》）

名前

● 〈例《れい》〉にならって、次《つぎ》の文《ぶん》の意味《いみ》に合《あ》う漢字《かんじ》を□から選《えら》んで書《か》きましょう。

〈例《れい》〉

㋐ 机《つくえ》を窓《まど》のそばに**うつす**。　［移す］

㋑ カメラで美《うつく》しい景色《けしき》を**うつす**。　［写す］

アの「うつす」は、「移動《いどう》する」と言《い》いかえられるよ。
イの「うつす」は、「写真《しゃしん》にとる」という意味《いみ》だね。

写す　移す

①

㋐ 夜《よ》が**あける**。　［　　］

㋑ 部屋《へや》のドアを**あける**。　［　　］

明ける　開ける

②

㋐ 失敗《しっぱい》を反省《はんせい》し、初心《しょしん》に**かえる**。　［　　］

㋑ 図書館《としょかん》を出《で》て家《いえ》に**かえる**。　［　　］

帰る　返る

③

㋐ 大切《たいせつ》な本《ほん》が**やぶれる**。　［　　］

㋑ 決勝戦《けっしょうせん》でおしくも**やぶれる**。　［　　］

敗れる　破れる

漢字《かんじ》を正《ただ》しく使《つか》えるように　(2)
(訓読《くんよ》みの場合《ばあい》)

名前

● 次《つぎ》の文《ぶん》の意味《いみ》に合《あ》う漢字《かんじ》を［　］から選《えら》んで書《か》きましょう。

①
㋐ 夜中《よなか》に目《め》がさめる。
㋑ 温《あたた》かいお茶《ちゃ》がさめる。

冷める　覚める

②
㋐ 荷物《にもつ》の重《おも》さをはかる。
㋑ 時間《じかん》をはかる。
㋒ ひもの長《なが》さをはかる。

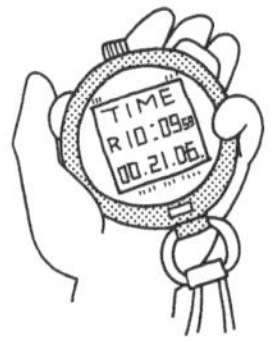

測る　計る　量る

③
㋐ 問題《もんだい》の解決《かいけつ》につとめる。
㋑ 銀行《ぎんこう》につとめる。
㋒ 劇《げき》の主役《しゅやく》をつとめる。

勤める　努める　務める

問題《もんだい》③の
㋐は、「努力《どりょく》」、
㋑は、「勤労《きんろう》」、
㋒は、「任務《にんむ》」
という意味《いみ》を表《あらわ》しているね。

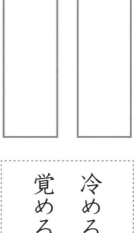

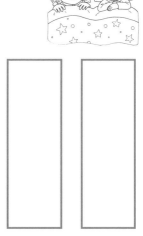

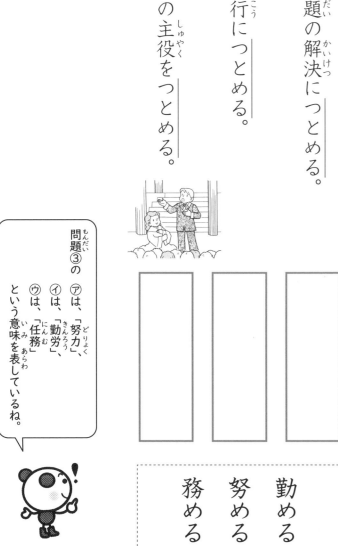

漢字《かんじ》を正《ただ》しく使《つか》えるように　(3)
(訓読《くんよ》みの場合《ばあい》)

名前

(1) 文《ぶん》の意味《いみ》に合《あ》うように、上《うえ》と下《した》を――線《せん》で結《むす》びましょう。

①
- ㋐ 国語辞典《こくごじてん》は　・　　・熱《あつ》い。
- ㋑ お茶《ちゃ》が　・　　・暑《あつ》い。
- ㋒ 今年《ことし》の夏《なつ》は　・　　・厚《あつ》い。

②
- ㋐ 座席《ざせき》を　・　　・明《あ》ける。
- ㋑ 箱《はこ》のふたを　・　　・空《あ》ける。
- ㋒ 夜《よ》が　・　　・開《あ》ける。

③
- ㋐ 台《だい》の上《うえ》に　・　　・建《た》つ。
- ㋑ 連《れん》らくを　・　　・絶《た》つ。
- ㋒ 新《あたら》しい家《いえ》が　・　　・立《た》つ。

④
- ㋐ 税金《ぜいきん》を　・　　・収《おさ》める。
- ㋑ 箱《はこ》に宝物《たからもの》を　・　　・納《おさ》める。
- ㋒ 王様《おうさま》が国《くに》を　・　　・治《おさ》める。

(2) 次《つぎ》の文《ぶん》の□に合《あ》う言葉《ことば》を⬚から選《えら》んで書《か》きましょう。

① 約束《やくそく》より□時間《じかん》に駅《えき》に着《つ》いた。　［速《はや》い・早《はや》い］

② 花《か》だんの□をさくで囲《かこ》む。　［周《まわ》り・回《まわ》り］

③ 自分《じぶん》の考《かんが》えを文章《ぶんしょう》に□。　［表《あらわ》す・現《あらわ》す］

④ テストの問題《もんだい》を□。　［説《と》く・解《と》く］

漢字《かんじ》を正《ただ》しく使《つか》えるように (4)

(訓読《くんよ》みの場合《ばあい》)

名前

(1) 文《ぶん》の意味《いみ》に合《あ》うように、正《ただ》しい方《ほう》を○で囲《かこ》みましょう。

① 図書館《としょかん》で本《ほん》を { 帰《かえ》し ・ 返《かえ》し }、家《いえ》に { 帰《かえ》る ・ 返《かえ》る }。

② 修学旅行《しゅうがくりょこう》で { 移《うつ》した ・ 写《うつ》した } クラス写真《しゃしん》が { 敗《やぶ》れて ・ 破《やぶ》れて } 悲《かな》しい。

③ 父《ちち》が { 勤《つと》める ・ 努《つと》める } 会社《かいしゃ》のビルが、駅前《えきまえ》に新《あたら》しく { 立《た》つ ・ 建《た》つ }。

(2) 次《つぎ》の――線《せん》の漢字《かんじ》は、読《よ》み方《かた》が同《おな》じであるために書《か》きまちがえたものです。正《ただ》しい漢字《かんじ》を□から選《えら》んで書《か》きましょう。

① 友達《ともだち》と近所《きんじょ》の公園《こうえん》で合《あ》う。

② すずしい小《に》かげでしばらく休《やす》む。

③ 長《なが》い夏休《なつやす》みも、もう中《なか》ばを過《す》ぎた。

④ 今日《きょう》の出来事《できごと》を思《おも》い出《だ》して独《ひと》り事《ごと》をつぶやく。

木・言・半・会

漢字《かんじ》を正《ただ》しく使《つか》えるように　(5)
(音読《おんよ》みの場合《ばあい》)

名前

● 次《つぎ》の——線《せん》の読《よ》み方《かた》で、文《ぶん》の意味《いみ》に合《あ》う漢字《かんじ》を［　］から選《えら》んで書《か》きましょう。

①
㋐ ショウ人数《にんずう》で話《はな》し合《あ》う。　［　］
㋑ あの国《くに》は世界最《せかいさい》ショウの面積《めんせき》だ。　［　］

少・小

②
㋐ 雨《あめ》がやみ、試合《しあい》は再《さい》カイした。　［　］
㋑ 友《とも》との久《ひさ》しぶりの再《さい》カイを喜《よろこ》ぶ。　［　］

開・会

③
㋐ 先生《せんせい》に話《はな》しかける機《き》カイを待《ま》つ。　［　］
㋑ 工場《こうじょう》の機《き》カイ化《か》で生産量《せいさんりょう》が増《ふ》えた。　［　］

械・会

④
㋐ 毎週月曜日発行《まいしゅうげつようびはっこう》の週《しゅう》カン誌《し》を買《か》う。　［　］
㋑ 図書館《としょかん》に行《い》ったのは、二週《にしゅう》カン前《まえ》だ。　［　］

刊・間

⑤
㋐ 大《おお》きなケーキをみんなで等《とう》ブンする。　［　］
㋑ 旅行先《りょこうさき》で、見《けん》ブンを広《ひろ》める。　［　］

分・聞

漢字《かんじ》を正《ただ》しく使《つか》えるように (6)
(音読《おんよ》みの場合《ばあい》)

名前

(1) 次《つぎ》の文《ぶん》の□に合《あ》う漢字《かんじ》を□から選《えら》んで書《か》きましょう。

① 予習《よしゅう》 □《ふく》 習《しゅう》を毎日《まいにち》する。

復・複

② 空気《くうき》の入《い》れかえのため窓《まど》を □《かい》 放《ほう》する。

解・開

③ 教師《きょうし》から音楽家《おんがくか》に □《てん》 職《しょく》する。

天・転

④ このおもちゃの仕組《しく》みは □《たん》 純《じゅん》だ。

短・単

⑤ □《こ》 体《たい》の氷《こおり》がとけて、液体《えきたい》の水《みず》になる。

固・個

(2) 次《つぎ》の読《よ》み方《かた》で、それぞれの文《ぶん》の□に合《あ》う漢字《かんじ》を□から選《えら》んで書《か》きましょう。

① カ

㋐ 全員《ぜんいん》で協力《きょうりょく》し、成《せい》 □ を上《あ》げる。

㋑ 読書感想文《どくしょかんそうぶん》の □ 題図書《だいとしょ》を読《よ》む。

果・課

② ケン

㋐ 理科《りか》の時間《じかん》に実《じっ》 □ をする。

㋑ 商品《しょうひん》の品質《ひんしつ》を □ 査《さ》する。

検・験

漢字《かんじ》を正《ただ》しく使《つか》えるように（7）

（音読《おんよ》みの場合《ばあい》）

名前

（1）文《ぶん》の意味《いみ》に合《あ》うように、正《ただ》しい方《ほう》を○で囲《かこ》みましょう。

① 日本《にほん》の歴史《れきし》に ｛関心《かんしん》・感心《かんしん》｝ がある。

② ｛以外《いがい》・意外《いがい》｝ にも妹《いもうと》は泣《な》かなかった。

③ 馬《うま》に ｛資料《しりょう》・飼料《しりょう》｝ をあたえる。

④ あなた ｛自身《じしん》・自信《じしん》｝ の考《かんが》えが知《し》りたい。

⑤ 運動会《うんどうかい》の百《ひゃく》メートル ｛競走《きょうそう》・競争《きょうそう》｝ は一着《いっちゃく》だった。

（2）次《つぎ》の――線《せん》の漢字《かんじ》は、読《よ》み方《かた》が同《おな》じであるために書《か》きまちがえたものです。□から選《えら》んだ正《ただ》しい漢字《かんじ》を使《つか》って言葉《ことば》を書《か》きましょう。

① 図形《ずけい》の面積《めんせき》を計算《けいさん》で求《もと》める。

面《めん》□《せき》

責・積

② 私《わたし》たちの考《かんが》えをはっきりと主長《しゅちょう》する。

主《しゅ》□《ちょう》

帳・張

③ 晴潔《せいけつ》なタオルで手《て》をふく。

□《せい》潔《けつ》

精・清

④ 保健室《ほけんしつ》で身体則定《しんたいそくてい》をする。

身《しん》体《たい》□《そく》定《てい》

側・測

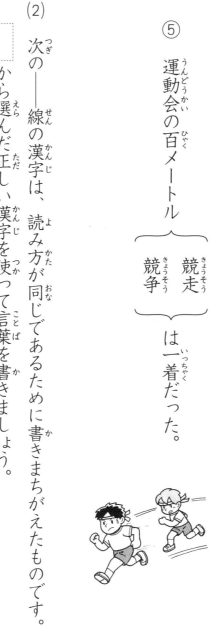

覚《おぼ》えておきたい言葉《ことば》(1)

名前

(1) 次《つぎ》の言葉《ことば》の意味《いみ》を下《した》から選《えら》んで——線《せん》で結《むす》びましょう。

① 段落《だんらく》　・　　・ 話《はなし》や文章《ぶんしょう》の大事《だいじ》な点《てん》をとらえて、短《みじか》くまとめること。また、そのまとめたもの。

② 要約《ようやく》　・　　・ ある議題《ぎだい》について、おたがいに意見《いけん》を出《だ》して話《はな》し合《あ》い、議論《ぎろん》をたたかわせること。

③ 討論《とうろん》　・　　・ 長《なが》い文章《ぶんしょう》を、内容《ないよう》によって分《わ》けたときのひとまとまり。はじめを一字《いちじ》下《さ》げて表《あらわ》す。

(2) 次《つぎ》の——線《せん》の言葉《ことば》の意味《いみ》を□から選《えら》んで、記号《きごう》で答《こた》えましょう。

① 文章《ぶんしょう》をよりよくするために推敲《すいこう》する。　□

② 文章《ぶんしょう》から作者《さくしゃ》の意図《いと》を読《よ》み取《と》る。　□

㋐ あることをしようというねらい。
㋑ 文章《ぶんしょう》を何度《なんど》も読《よ》み返《かえ》して直《なお》すこと。

(3) 次《つぎ》の（　）にあてはまる言葉《ことば》を□から選《えら》んで書《か》きましょう。

① 身長《しんちょう》ののびに（　　　）して体重《たいじゅう》も増《ふ》えた。

② クラスの男子《だんし》の（　　　）は四割《よんわり》だ。

・割合《わりあい》　・比例《ひれい》

覚《おぼ》えておきたい言葉《ことば》(2)

名前

(1) 次《つぎ》の（　）にあてはまる理科《りか》に関《かん》する言葉《ことば》を□から選《えら》んで書《か》きましょう。

① 液体《えきたい》が（　　　）して気体《きたい》になる。

② 植物《しょくぶつ》のたねが（　　　）する。

・蒸発《じょうはつ》
・発芽《はつが》

(2) 次《つぎ》の（　）にあてはまる社会《しゃかい》に関《かん》する言葉《ことば》を□から選《えら》んで書《か》きましょう。

① 国民《こくみん》には、教育《きょういく》を受《う》ける（　　　）が認《みと》められている。

② 納税《のうぜい》は、国民《こくみん》の（　　　）の一《ひと》つである。

・義務《ぎむ》
・権利《けんり》

(3) 次《つぎ》の——線《せん》の言葉《ことば》の意味《いみ》を□から選《えら》んで、記号《きごう》で答《こた》えましょう。

① 江戸時代《えどじだい》は、外国《がいこく》との貿易《ぼうえき》が自由《じゆう》にできなかった。

② 外国《がいこく》と和平条約《わへいじょうやく》を結《むす》ぶ。

①□　②□

㋐ 外国《がいこく》と品物《しなもの》の取《と》り引《ひ》きをすること。
㋑ 国《くに》と国《くに》との間《あいだ》で、文書《ぶんしょ》で取《と》り決《き》めた約束《やくそく》。

人《ひと》を引《ひ》きつける表現《ひょうげん》 (1)

名前

● 次《つぎ》の文章《ぶんしょう》を二回《にかい》読《よ》んで、答《こた》えましょう。

1

つき
でたでた　つきが
まるいまるい　まんまるい
ぼんのような　つきが

「つき」という歌《うた》の歌詞《かし》を見《み》てみましょう。どのような表現《ひょうげん》の工夫《くふう》があるでしょうか。

まず、言葉《ことば》の順番《じゅんばん》が、ふつうとはちがっていることに気《き》づきます。「でた」が先《さき》に、「つきが」が後《あと》になっています。先《さき》に言《い》うことで、月《つき》が「でた」ことが強調《きょうちょう》されています。

2

また、㋐「でたでた」のようなくり返《かえ》しも、大切《たいせつ》な表現《ひょうげん》の工夫《くふう》です。くり返《かえ》すことで、そのことが強《つよ》く印象《いんしょう》づけられるとともに、調子《ちょうし》のよいリズムも生《う》まれます。

（令和二年度版　光村図書　国語六　創造「人を引きつける表現」より）

1

(1) 「つき」という歌《うた》の歌詞《かし》から、何《なに》を探《さが》して考《かんが》えようとしていますか。文中《ぶんちゅう》から五文字《ごもじ》で書《か》き出《だ》しましょう。

(2) 「でたでた　つきが」の歌詞《かし》で、ふつうとちがっていることは、何《なん》ですか。文中《ぶんちゅう》の五文字《ごもじ》の言葉《ことば》で書《か》きましょう。

(3) 「でた」を先《さき》に言《い》うことで、どのような効果《こうか》がありますか。

月《つき》が「でた」ことが［　　　　］されている。

2

㋐「でたでた」のようなくり返《かえ》しによって、どのような効果《こうか》がありますか。二《ふた》つ書《か》きましょう。

くり返《かえ》し表現《ひょうげん》したことが［　　　　］印象《いんしょう》づけられる。

［　　　　］も生《う》まれる。

人《ひと》を引《ひ》きつける表現《ひょうげん》 (2)

名前

● 次《つぎ》の文章《ぶんしょう》を二回《にかい》読《よ》んで、答《こた》えましょう。

1

つき

でたでた　つきが
まるいまるい　まんまるい
ぼんのような　つきが

「つき」という歌《うた》の歌詞《かし》には、どのような表現《ひょうげん》の工夫《くふう》があるでしょうか。

さらに、満月《まんげつ》の「まるい」形《かたち》が、「ぼんのような」とたとえられています。このように、似《に》ているものにたとえる表現《ひょうげん》を、比喩《ひゆ》とよびます。

2

「まるいぼん」が「まるい月《つき》」の比喩《ひゆ》となっていることで、身近《みぢか》な印象《いんしょう》をあたえるとともに、「まんまるい」形《かたち》をしていることがよく伝《つた》わってきます。

「月《つき》が顔《かお》を出《だ》す」という表現《ひょうげん》を見《み》かけることがありますが、㋐「月《つき》」に対《たい》して「顔《かお》を出《だ》す」という言葉《ことば》を使《つか》うのも、比喩的《ひゆてき》な発想《はっそう》の表現《ひょうげん》ですね。

（令和二年度版　光村図書　国語六　創造「人を引きつける表現」より）

1

(1) 「ぼんのような」とたとえられているのは、何《なん》という月《つき》の、どんな形《かたち》の月《つき》ですか。文中《ぶんちゅう》の言葉《ことば》で書《か》きましょう。

［　　　　］の［　　　　］の月《つき》。

(2) 似《に》ているものにたとえる表現《ひょうげん》を、何《なん》とよびますか。（習《なら》っていない漢字《かんじ》は、ひらがなで書《か》きましょう。）

［　　　　］

2

(1) 「まるいぼん」が「まるい月《つき》」の比喩《ひゆ》となっていることで、どのような効果《こうか》がありますか。二《ふた》つ書《か》きましょう。

［　　　　］印象《いんしょう》をあたえる。

［　　　　］をしていることがよく伝《つた》わる。

(2) ㋐「月《つき》」に対《たい》して…比喩的《ひゆてき》な発想《はっそう》の表現《ひょうげん》ですね。とありますが、そういえるのは、なぜですか。○をつけましょう。

（　）「顔《かお》を出《だ》す」という表現《ひょうげん》は、まるで月《つき》が人間《にんげん》のような言《い》い方《かた》だから。

（　）満月《まんげつ》のときのもようが、人間《にんげん》の顔《かお》のように見《み》えるから。

人《ひと》を引《ひ》きつける表現《ひょうげん》（比喩《ひゆ》）(3)

名前

● 次《つぎ》の文章《ぶんしょう》を二回《にかい》読《よ》んで、答《こた》えましょう。

あるものごとを、似《に》ているものにたとえる表現《ひょうげん》を比喩《ひゆ》とよびます。比喩《ひゆ》には、次《つぎ》のような種類《しゅるい》があります。

㋐ 人間以外《にんげんいがい》のものを人間《にんげん》にたとえて言《い》い表《あらわ》す方法《ほうほう》。
（例《れい》）お日《ひ》さまが笑《わら》う。

㋑ 「〜のような」「〜みたいな」などの言葉《ことば》を使《つか》ってたとえる方法《ほうほう》。
（例《れい》）おぼんのような月《つき》が出《で》た。

㋒ 「〜のような」「〜みたいな」などの言葉《ことば》を使《つか》わずにたとえる方法《ほうほう》。
（例《れい》）雲一《くもひと》つない空《そら》は、水色《みずいろ》の画用紙《がようし》だ。

(1) 上《うえ》の文章《ぶんしょう》では、何《なん》という表現《ひょうげん》の工夫《くふう》について説明《せつめい》していますか。
（習《なら》っていない漢字《かんじ》は、ひらがなで書《か》きましょう。）

(2) 次《つぎ》の①〜⑥の文《ぶん》には、上《うえ》の㋐〜㋒のどの比喩《ひゆ》の方法《ほうほう》が使《つか》われていますか。㋐〜㋒の記号《きごう》で答《こた》えましょう。

① 春風《はるかぜ》が歌《うた》う。

② 赤《あか》ちゃんは天使《てんし》だ。

③ わたがしみたいな雲《くも》がうかんでいる。

④ 弟《おとうと》は、わが家《や》のお日《ひ》さまだ。

⑤ 火山《かざん》がおこり出《だ》す。

⑥ これは、山《やま》のような宿題《しゅくだい》だ。

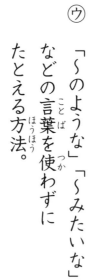

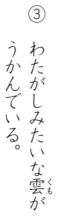

人《ひと》を引《ひ》きつける表現《ひょうげん》 (4)
(比喩《ひゆ》以外《いがい》の表現《ひょうげん》の工夫《くふう》)

名前

● 次《つぎ》の文章《ぶんしょう》を二回読《にかいよ》んで、答《こた》えましょう。

表現《ひょうげん》の工夫《くふう》には、次《つぎ》のようなものもあります。

㋐ 言葉《ことば》の順番《じゅんばん》をふつうとは逆《ぎゃく》にして、印象《いんしょう》を強《つよ》める方法《ほうほう》。
(例《れい》) かがやいているよ、
満天《まんてん》の星《ほし》が。

㋑ 同《おな》じ言葉《ことば》や文《ぶん》をくり返《かえ》して、調子《ちょうし》のよいリズムを生《う》んだり、印象《いんしょう》を強《つよ》めたりする方法《ほうほう》。
(例《れい》) 満天《まんてん》の星《ほし》よ、
かがやけ、かがやけ。

㋒ 音《おと》や様子《ようす》を、それらしい言葉《ことば》で表現《ひょうげん》する方法《ほうほう》。
(例《れい》) 満天《まんてん》の星《ほし》がきらきらとかがやく。

㋓ 七音《しちおん》と五音《ごおん》の組《く》み合《あ》わせでリズムを生《う》む方法《ほうほう》。
(例《れい》) 冬《ふゆ》の夜空《よぞら》を見上《みあ》げれば
満天《まんてん》の星《ほし》、かがやくよ。

※満天《まんてん》…空一面《そらいちめん》。

(1) 次《つぎ》の文《ぶん》には、上《うえ》の㋐～㋓のどの表現《ひょうげん》の工夫《くふう》が使《つか》われていますか。記号《きごう》で答《こた》えましょう。

① どこまでもどこまでも道《みち》は続《つづ》く。 □

② そんなことも知《し》らなかったのか、きみは。 □

③ 風船《ふうせん》がふわふわと空《そら》へとんでいく。 □

④ ねこの赤《あか》ちゃん、小《ちい》さいな。真《ま》っ白《しろ》の毛《け》がかわいいな。 □

⑤ 雨《あめ》がぱらぱらとふり出《だ》したので、かさをさっと開《ひら》いた。 □

⑥ わたしは、お気《き》に入《い》りの詩《し》を何度《なんど》も何度《なんど》も読《よ》み返《かえ》した。 □

思《おも》い出《で》を言葉《ことば》に

名前

● 教科書《きょうかしょ》の「思《おも》い出《で》を言葉《ことば》に」を読《よ》んで、答《こた》えましょう。

● 次《つぎ》の「作品《さくひん》の例《れい》①」は、学校生活《がっこうせいかつ》の中《なか》で印象《いんしょう》に残《のこ》っている出来事《できごと》やそのときの心情《しんじょう》を簡単《かんたん》に書《か》き表《あらわ》したものです。「作品《さくひん》の例《れい》②」は、①の内容《ないよう》が効果的《こうかてき》に伝《つた》わるよう、表現《ひょうげん》する形式《けいしき》を工夫《くふう》して仕上《しあ》げたものです。文章《ぶんしょう》を読《よ》んで、問題《もんだい》に答《こた》えましょう。

● 作品《さくひん》の例《れい》①

〈入学式《にゅうがくしき》〉　◎自覚《じかく》

一年生《いちねんせい》が小《ちい》さくておどろいた。ぼくも、こんなに小《ちい》さくて、手《て》をつないでもらっていたのかと思《おも》った。手《て》から、きんちょうが伝《つた》わってきた。六年生《ろくねんせい》になったのだから、一年生《いちねんせい》にやさしくしようと㋐思《おも》った。

←

● 作品《さくひん》の例《れい》②

一年生《いちねんせい》の小《ちい》さな手《て》から
どきどきが伝《つた》わった
ぼくもこんなに
小《ちい》さかったのかな
ぼくも六年生《ろくねんせい》の手《て》を
にぎりしめていたのかな
［　　　　㋑　　　　］
ぼくがやさしくしようと㋒決《き》めた
六年生《ろくねんせい》になったばかりの入学式《にゅうがくしき》

（令和二年度版　光村図書　国語六　創造「思い出を言葉に」による）

(1) 何《なん》の行事《ぎょうじ》のことを書《か》いた文章《ぶんしょう》ですか。

自分《じぶん》が［　　　］年生《ねんせい》のときの［　　　　　］のこと。

(2) 上《うえ》の「作品《さくひん》の例《れい》②」の表現形式《ひょうげんけいしき》は、何《なん》ですか。○をつけましょう。

（　）短歌《たんか》
（　）詩《し》

(3) ㋑の四行《よんぎょう》のところで、どんな表現《ひょうげん》の工夫《くふう》がありますか。○をつけましょう。

（　）「ぼくも…のかな。」という同《おな》じ言葉《ことば》のくり返《かえ》しの表現《ひょうげん》。
（　）たとえを使《つか》った「比喩《ひゆ》」の表現《ひょうげん》。

(4) 元《もと》の文章《ぶんしょう》の㋐「思《おも》った」を、㋒「決《き》めた」という言葉《ことば》に変《か》えたことで、どんなことがより伝《つた》わりますか。○をつけましょう。

（　）六年生《ろくねんせい》になった自覚《じかく》。
（　）六年生《ろくねんせい》になった喜《よろこ》び。

今《いま》、私《わたし》は、ぼくは

名前

教科書《きょうかしょ》の「今《いま》、私《わたし》は、ぼくは」を読《よ》んで、答《こた》えましょう。

● 次《つぎ》の文章《ぶんしょう》は、「将来《しょうらい》の夢《ゆめ》」についての矢島《やじま》さんのスピーチ原稿《げんこう》の一部《いちぶ》です。

1

私《わたし》が管理栄養士《かんりえいようし》という仕事《しごと》に興味《きょうみ》をもったきっかけは、テレビ番組《ばんぐみ》で、小島《こじま》みのりさんという管理栄養士《かんりえいようし》の方《かた》を知《し》ったことです。

2

みなさんは、昨年《さくねん》、マラソンの国際大会《こくさいたいかい》でかつやくした高田陽子選手《たかだようこせんしゅ》を覚《おぼ》えていますか。←㋐小島《こじま》さんは高田選手専属《たかだせんしゅせんぞく》の管理栄養士《かんりえいようし》で、高田選手《たかだせんしゅ》を支《ささ》えたチームの一員《いちいん》として、テレビ番組《ばんぐみ》でしょうかいされていました。←㋑けがで不調《ふちょう》になった高田選手《たかだせんしゅ》は、練習《れんしゅう》や生活《せいかつ》を一《いち》から見直《みなお》します。そのとき、食事《しょくじ》の専門家《せんもんか》として声《こえ》がかかったのが、小島《こじま》さんでした。

（令和二年度版　光村図書　国語六　創造「今、私は、ぼくは」による）

1の文章《ぶんしょう》を読《よ》んで答《こた》えましょう。

(1) 「私《わたし》」（矢島《やじま》さん）が興味《きょうみ》をもっているのは、何《なん》という仕事《しごと》ですか。

(2) 「私《わたし》」（矢島《やじま》さん）が管理栄養士《かんりえいようし》という仕事《しごと》に興味《きょうみ》をもったきっかけは、どんなことでしたか。文中《ぶんちゅう》の言葉《ことば》で書《か》き出《だ》しましょう。

2の文章《ぶんしょう》を読《よ》んで答《こた》えましょう。

(1) スピーチで、少《すこ》し間《ま》を取《と》ると効果的《こうかてき》だと考《かんが》えられるのは、㋐、㋑のどちらのときですか。記号《きごう》で答《こた》えましょう。

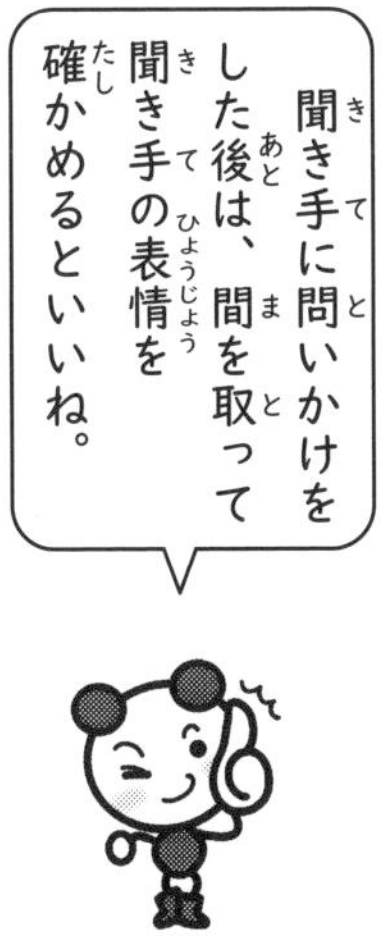

海《うみ》の命《いのち》（1）

名前

● 教科書《きょうかしょ》の「海《うみ》の命《いのち》」の全文《ぜんぶん》を読《よ》んだ後《あと》、次《つぎ》の文章《ぶんしょう》を二回《にかい》読《よ》んで、答《こた》えましょう。

1

［太一《たいち》は、もぐり漁師《りょうし》だった父《ちち》の死後《しご》、与吉《よきち》じいさの弟子《でし》になり、一本《いっぽん》づりの漁師《りょうし》になった。］

ある日《ひ》、母《はは》はこんなふうに言《い》うのだった。

㋐「おまえが、おとうの死《し》んだ瀬《せ》にもぐると、いつ言《い》いだすかと思《おも》うと、私《わたし》は㋑おそろしくて夜《よる》もねむれないよ。おまえの心《こころ》の中《なか》が見《み》えるようで。」

※おとう…（太一《たいち》の）お父《とう》さん。
※瀬《せ》…潮《しお》（海《うみ》の水《みず》）の流《なが》れが速《はや》いところ。

2

太一《たいち》は、あらしさえもはね返《かえ》す屈強《くっきょう》な若者《わかもの》になっていたのだ。太一《たいち》は、そのたくましい背中《せなか》に、母《はは》の悲《かな》しみさえも背負《せお》おうとしていたのである。

母《はは》が毎日《まいにち》見《み》ている海《うみ》は、㋒いつしか太一《たいち》にとっては自由《じゆう》な世界《せかい》になっていた。

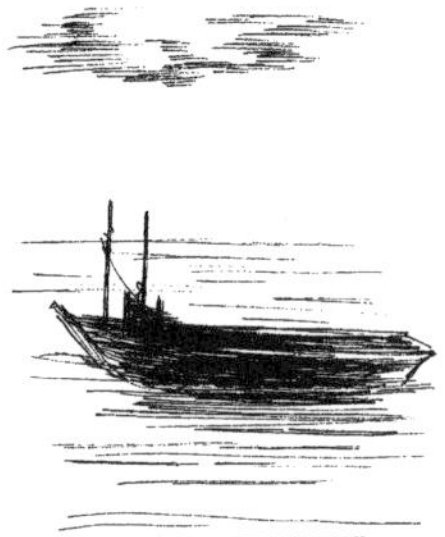

※屈強《くっきょう》…力《ちから》が強《つよ》く、たくましい。

（令和二年度版　光村図書　国語六　創造　立松《たてまつ》　和平《わへい》）

1

(1) ㋐の言葉《ことば》は、だれが、だれに言《い》った言葉《ことば》ですか。

［　　］が［　　］に言《い》った言葉《ことば》。

(2) 太一《たいち》の母《はは》が㋑おそろしくて夜《よる》もねむれないのは、太一《たいち》が何《なん》と言《い》いだすと思《おも》うからですか。文中《ぶんちゅう》の言葉《ことば》で書《か》き出《だ》しましょう。
（習《なら》っていない漢字《かんじ》は、ひらがなで書《か》きましょう。）

［　　］

2

(1) 太一《たいち》は、どんな若者《わかもの》になっていましたか。

［　　］屈強《くっきょう》な若者《わかもの》。

(2) ㋒いつしかとは、どんな意味《いみ》ですか。○をつけましょう。

（　）いつでも。
（　）いつのまにか。

(3) 母《はは》が毎日《まいにち》見《み》ている海《うみ》は、太一《たいち》にとってはどのようなものになっていましたか。

［　　］

海《うみ》の命《いのち》 (2)

名前

● 次《つぎ》の文章《ぶんしょう》を二回《にかい》読《よ》んで、答《こた》えましょう。

1

〔太一《たいち》は、たくましい若者《わかもの》となり、海《うみ》は、いつしか太一《たいち》にとっては自由《じゆう》な世界《せかい》になっていた。〕

いつもの一本《いっぽん》づりで二十《にじっ》ぴきのイサキをはやばやととった太一《たいち》は、父《ちち》が死《し》んだ辺《あた》りの瀬《せ》に船《ふね》を進《すす》めた。

※イサキ…魚《さかな》の名前《なまえ》。
※はやばや…たいへん早《はや》く。

2

いかりを下《お》ろし、海《うみ》に飛《と》びこんだ。はだに水《みず》の感触《かんしょく》がここちよい。海中《かいちゅう》に棒《ぼう》になって差《さ》しこんだ光《ひかり》が、波《なみ》の動《うご》きにつれ、かがやきながら交差《こうさ》する。耳《みみ》には何《なに》も聞《き》こえなかったが、太一《たいち》は壮大《そうだい》な音楽《おんがく》を聞《き》いているような気分《きぶん》になった。とうとう、父《ちち》の海《うみ》にやって来《き》たのだ。

※いかり…船《ふね》が流《なが》されないように、くさりをつけて水《みず》の中《なか》にしずめておく、鉄《てつ》のおもり。
※いかりを下《お》ろす…船《ふね》をとめる。
※感触《かんしょく》…さわった感《かん》じ。はだざわり。

（令和二年度版　光村図書　国語六　創造　立松《たてまつ》　和平《わへい》）

（習《なら》っていない漢字《かんじ》は、ひらがなで書《か》きましょう。）

1

(1) 太一《たいち》は、どんな方法《ほうほう》でイサキをとりましたか。

(2) 太一《たいち》は、どこに船《ふね》を進《すす》めましたか。

2

(1) 海《うみ》に飛《と》びこんだ太一《たいち》が、ここちよいとはだに感《かん》じたのは、何《なん》ですか。

(2) 太一《たいち》は、海《うみ》の中《なか》でどんな気分《きぶん》になりましたか。

(3) 太一《たいち》は、やって来《き》たこの場所《ばしょ》のことを、何《なん》と思《おも》っていますか。文中《ぶんちゅう》の三文字《さんもじ》の言葉《ことば》で書《か》きましょう。

海《うみ》の命《いのち》 (3)

名前

● 次《つぎ》の文章《ぶんしょう》を二回《にかい》読《よ》んで、答《こた》えましょう。

1

［太一《たいち》は、父《ちち》が死《し》んだ辺《あた》りの瀬《せ》に船《ふね》を進《すす》め、海《うみ》に飛《と》びこんだ。とうとう、父《ちち》の海《うみ》にやって来《き》たのだ。］

太一《たいち》が瀬《せ》にもぐり続《つづ》けて、ほぼ一年《いちねん》が過《す》ぎた。父《ちち》を最後《さいご》にもぐり漁師《りょうし》がいなくなったので、アワビもサザエもウニもたくさんいた。激《はげ》しい潮《しお》の流《なが》れに守《まも》られるようにして生《い》きている、二十《にじっ》キロぐらいのクエも見《み》かけた。

㋐、太一《たいち》は興味《きょうみ》をもてなかった。

※もぐり漁師《りょうし》…海《うみ》の中《なか》にもぐって、魚《さかな》をとる人《ひと》。
※クエ…岩《いわ》かげにひそんで生息《せいそく》する大《おお》きな魚《さかな》の名前《なまえ》。

2

追《お》い求《もと》めているうちに、㋑不意《ふい》に夢《ゆめ》は実現《じつげん》するものだ。

太一《たいち》は海草《かいそう》のゆれる穴《あな》のおくに、青《あお》い宝石《ほうせき》の目《め》を見《み》た。

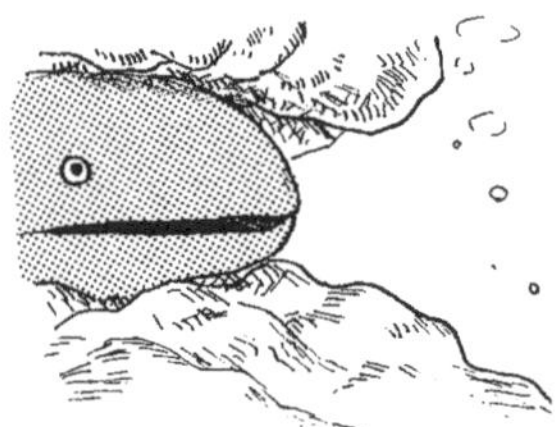

(令和二年度版　光村図書　国語六　創造　立松《たてまつ》　和平《わへい》)

1

(1) 太一《たいち》が瀬《せ》にもぐり続《つづ》けて、どれぐらいの期間《きかん》が過《す》ぎたころのことですか。

(2) 太一《たいち》がもぐった瀬《せ》に、サザエもウニもたくさんいたのは、なぜですか。

太一《たいち》の父《ちち》を最後《さいご》に　　　　。

(3) ㋐にあてはまる言葉《ことば》に○をつけましょう。

（　）だから
（　）だが

2

(1) ㋑不意《ふい》にとは、どんな意味《いみ》ですか。○をつけましょう。

（　）とつぜん。急《きゅう》に。
（　）思《おも》っていた通《とお》りに。

(2) 太一《たいち》が海草《かいそう》のゆれる穴《あな》のおくに見《み》たものは、何《なん》ですか。文中《ぶんちゅう》の言葉《ことば》で書《か》きましょう。

海《うみ》の命《いのち》 ⑷

名前

● 次《つぎ》の文章《ぶんしょう》を二回《にかい》読《よ》んで、答《こた》えましょう。

1

〔太一《たいち》は海草《かいそう》のゆれる穴《あな》のおくに、青《あお》い宝石《ほうせき》の目《め》を見《み》た。〕

海底《かいてい》の砂《すな》にもりをさして場所《ばしょ》を見失《みうしな》わないようにしてから、太一《たいち》は銀色《ぎんいろ》にゆれるⒶ水面《すいめん》にうかんでいった。息《いき》を吸《す》ってもどると、同《おな》じ所《ところ》に同《おな》じⒾ青《あお》い目《め》がある。ひとみは黒《くろ》いしんじゅのようだった。刃物《はもの》のような歯《は》が並《なら》んだ灰色《はいいろ》のくちびるは、ふくらんでいて大《おお》きい。

※もり…魚《さかな》などをつきさしてとる、先《さき》のとがった道具《どうぐ》。

2

魚《さかな》がえらを動《うご》かすたび、水《みず》が動《うご》くのが分《わ》かった。岩《いわ》そのものが魚《さかな》のようだった。全体《ぜんたい》は見《み》えないのだが、百五十《ひゃくごじっ》キロはゆうにこえているだろう。

※ゆうに…たっぷり。十分《じゅうぶん》に。

（令和二年度版　光村図書　国語六　創造　立松《たてまつ》　和平《わへい》）

1

(1) 太一《たいち》がⒶ水面《すいめん》にうかんでいったのは、何《なん》のためですか。○をつけましょう。

（　）もりを取《と》りにいくため。

（　）息《いき》を吸《す》うため。

(2) Ⓘ青《あお》い目《め》をしたもののひとみは、何《なん》のようでしたか。

［　　　　］

(3) Ⓘ青《あお》い目《め》をしたものの歯《は》は、何《なん》のようでしたか。

［　　　　］

2

(1) どんなものが、魚《さかな》のようでしたか。文中《ぶんちゅう》の五文字《ごもじ》の言葉《ことば》で書《か》きましょう。

□□□□□

(2) 魚《さかな》の重《おも》さは、どれぐらいのようでしたか。

［　　　　］いるようだった。

海《うみ》の命《いのち》 (5)

名前

● 次《つぎ》の文章《ぶんしょう》を二回《にかい》読《よ》んで、答《こた》えましょう。

1

太一《たいち》は、海草《かいそう》のゆれる穴《あな》のおくに、青《あお》い宝石《ほうせき》の目《め》を見《み》た。岩《いわ》そのものが魚《さかな》のようだった。百五十《ひゃくごじっ》キロはゆうにこえているだろう。

興奮《こうふん》していながら、太一《たいち》は冷静《れいせい》だった。これが自分《じぶん》の追《お》い求《もと》めてきたまぼろしの魚《さかな》、村一番《むらいちばん》のもぐり漁師《りょうし》だった父《ちち》を破《やぶ》った瀬《せ》の主《ぬし》なのかもしれない。

※興奮《こうふん》…気持《きも》ちが高《たか》ぶること。
※冷静《れいせい》…落《お》ち着《つ》いていること。
※まぼろしの魚《さかな》…いるかいないか分《わ》からない魚《さかな》。

2

太一《たいち》は鼻《はな》づらに向《む》かってもりをつき出《だ》すのだが、クエは動《うご》こうとはしない。㋐そうしたままで時間《じかん》が過《す》ぎた。太一《たいち》は永遠《えいえん》にここにいられるような気《き》さえした。しかし、息《いき》が苦《くる》しくなって、またうかんでいく。

（令和二年度版　光村図書　国語六　創造　立松《たてまつ》和平《わへい》）

1

(1) 大《おお》きな魚《さかな》と向《む》かい合《あ》う太一《たいち》は、どんな気持《きも》ちでしたか。文中《ぶんちゅう》の言葉《ことば》で二《ふた》つ書《か》きましょう。

〔　　　〕
〔　　　〕

(2) 太一《たいち》は、向《む》かい合《あ》う大《おお》きな魚《さかな》のことを何《なに》かもしれないと思《おも》いましたか。文中《ぶんちゅう》の言葉《ことば》で二《ふた》つ書《か》きましょう。
（習《なら》っていない漢字《かんじ》は、ひらがなで書《か》きましょう。）

自分《じぶん》が追《お》い求《もと》めてきた〔　　　〕。

父《ちち》を破《やぶ》った〔　　　〕。

2

(1) 2の文章《ぶんしょう》では、向《む》かい合《あ》う大《おお》きな魚《さかな》のことを何《なん》と書《か》いてありますか。文中《ぶんちゅう》の二文字《にもじ》の言葉《ことば》で書《か》きましょう。

〔　　〕

(2) ㋐そうしたままでとありますが、もりをつき出《だ》す太一《たいち》に対《たい》して、クエはどんな様子《ようす》のままでしたか。

〔　　　〕まま。

海《うみ》の命《いのち》 (6)

名前

● 次《つぎ》の文章《ぶんしょう》を二回《にかい》読《よ》んで、答《こた》えましょう。

1

〔太一《たいち》は、鼻《はな》づらに向《む》かってもりをつき出《だ》すが、クエは動《うご》こうとしないまま、時間《じかん》が過《す》ぎた。太一《たいち》は、息《いき》が苦《くる》しくなって、またうかんでいく。〕

もう一度《いちど》もどってきても、瀬《せ》の主《ぬし》は全《まった》く動《うご》こうとはせずに太一《たいち》を見《み》ていた。おだやかな目《め》だった。

2

この大魚《たいぎょ》は自分《じぶん》に殺《ころ》されたがっているのだと、太一《たいち》は思《おも》ったほどだった。これまで数限《かずかぎ》りなく魚《さかな》を殺《ころ》してきたのだが、こんな感情《かんじょう》になったのは初《はじ》めてだ。この魚《さかな》をとらなければ、本当《ほんとう》の一人前《いちにんまえ》の漁師《りょうし》にはなれないのだと、太一《たいち》は泣《な》きそうになりながら思《おも》う。

※数限《かずかぎ》りなく…数《かぞ》えきれないほどたくさん。

（令和二年度版　光村図書　国語六　創造　立松《たてまつ》　和平《わへい》）

1

(1) 太一《たいち》がもう一度《いちど》もどってきたとき、瀬《せ》の主《ぬし》はどんな様子《ようす》でしたか。文中《ぶんちゅう》の言葉《ことば》で書《か》き出《だ》しましょう。

(2) 太一《たいち》を見《み》ていた瀬《せ》の主《ぬし》の目《め》は、どんな目《め》でしたか。

2

(1) 全《まった》く動《うご》こうとはせずに太一《たいち》を見《み》ている大魚《たいぎょ》の様子《ようす》から、太一《たいち》はどう思《おも》いましたか。文中《ぶんちゅう》の言葉《ことば》で書《か》き出《だ》しましょう。

この大魚《たいぎょ》は

(2) 太一《たいち》は、この魚《さかな》をとらなければ、何《なに》になれないと思《おも》いましたか。

海《うみ》の命《いのち》 (7)

名前

● 次《つぎ》の文章《ぶんしょう》を二回《にかい》読《よ》んで、答《こた》えましょう。

1

〔瀬《せ》の主《ぬし》は全《まった》く動《うご》こうとはせずにおだやかな目《め》で太一《たいち》を見《み》ていた。〕

㋐この魚《さかな》をとらなければ、本当《ほんとう》の一人前《いちにんまえ》の漁師《りょうし》にはなれないのだと、太一《たいち》は泣《な》きそうになりながら思《おも》う。

㋑水《みず》の中《なか》で太一《たいち》はふっとほほえみ、口《くち》から銀《ぎん》のあぶくを出《だ》した。もりの刃先《はさき》を足《あし》の方《ほう》にどけ、クエに向《む》かってもう一度《いちど》えがおを作《つく》った。

※あぶく……あわ。

2

「おとう、ここにおられたのですか。また会《あ》いに来《き》ますから。」

こう思《おも》うことによって、太一《たいち》は瀬《せ》の主《ぬし》を殺《ころ》さないで済《す》んだのだ。大魚《たいぎょ》はこの海《うみ》の命《いのち》だと思《おも》えた。

（令和二年度版　光村図書　国語六　創造　立松《たてまつ》　和平《わへい》）

1

(1) ㋐「この魚《さかな》を…漁師《りょうし》にはなれないのだと思《おも》ったときの太一《たいち》は、どんな様子《ようす》でしたか。

太一《たいち》は［　　　　］になっていた。

(2) ㋑水《みず》の中《なか》で、太一《たいち》はどうしましたか。

［　　　　］、口《くち》から銀《ぎん》のあぶくを出《だ》した。

(3) もりの刃先《はさき》を足《あし》の方《ほう》にどけた太一《たいち》は、何《なに》に向《む》かってえがおを作《つく》りましたか。

2

(1) 太一《たいち》は、どう思《おも》うことによって、瀬《せ》の主《ぬし》を殺《ころ》さないで済《す》みましたか。

「　　　　」

(2) 太一《たいち》は、大魚《たいぎょ》のことを何《なん》だと思《おも》えましたか。

生《い》きる (1)

名前

● 次《つぎ》の詩《し》を二回音読《にかいおんどく》して、答《こた》えましょう。

生《い》きる

谷川《たにかわ》 俊太郎《しゅんたろう》

[1]
生《い》きているということ
いま生《い》きているということ
それはのどがかわくということ
木《こ》もれ陽《び》がまぶしいということ
ふっと或《あ》るメロディを思《おも》い出《だ》すということ
くしゃみすること
あなたと手《て》をつなぐこと

[2]
生《い》きているということ
いま生《い》きているということ
それはミニスカート
それはプラネタリウム
それはヨハン・シュトラウス
それはピカソ
それはアルプス
すべての美《うつく》しいものに出会《であ》うということ
そして
かくされた悪《あく》を注意深《ちゅういぶか》くこばむこと

※木《こ》もれ陽《び》…木々《きぎ》の枝《えだ》や葉《は》のすき間《ま》からもれてくる日《ひ》の光《ひかり》。

（令和二年度版　光村図書　国語六　創造　谷川　俊太郎）

(1) [1]（第一連《だいいちれん》）と[2]（第二連《だいにれん》）は、どちらも同《おな》じ言葉《ことば》で始《はじ》まっています。その二行《にぎょう》を書《か》き出《だ》しましょう。

(2) [1]（第一連《だいいちれん》）で、作者《さくしゃ》が生《い》きているということとして挙《あ》げた五《いつ》つの中《なか》で、人《ひと》との関《かか》わりについて書《か》かれている一行《いちぎょう》を書《か》きましょう。

あなたと［　　　　］こと。

(3) [2]（第二連《だいにれん》）で、生《い》きているということとは、「すべての美《うつく》しいものに出会《であ》うということ」とありますが、どんな美《うつく》しいものが挙《あ》げられていますか。五《いつ》つ書《か》きましょう。

ミニスカート

生《い》きる (2)

● 次《つぎ》の詩《し》を二回音読《にかいおんどく》して、答《こた》えましょう。

名前

3

（「生《い》きる」という詩《し》の続《つづ》きです。）

生《い》きているということ
いま生《い》きているということ
泣《な》けるということ
笑《わら》えるということ
怒《おこ》れるということ
自由《じゆう》ということ

4

生《い》きているということ
いま生《い》きているということ
いま遠《とお》くで犬《いぬ》がほえるということ
いま地球《ちきゅう》がまわっているということ
いまどこかで産声《うぶごえ》があがるということ
いまどこかで兵士《へいし》が傷《きず》つくということ
いまぶらんこがゆれているということ
いまいまが過《す》ぎてゆくこと

5

生《い》きているということ
いま生《い》きているということ
鳥《とり》ははばたくということ
海《うみ》はとどろくということ
かたつむりははうということ
人《ひと》は愛《あい》するということ
あなたの手《て》のぬくみ
いのちということ

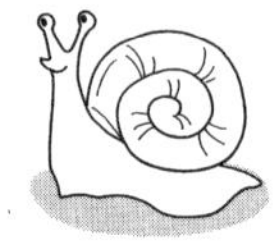

※産声《うぶごえ》があがる…赤《あか》ちゃんが生《う》まれる。

（令和二年度版　光村図書　国語六　創造　谷川　俊太郎）

(1) 3（第三連《だいさんれん》）で、いま生《い》きているということとはどういうことだといっていますか。四《よっ》つ書《か》きましょう。
（習《なら》っていない漢字《かんじ》は、ひらがなで書《か》きましょう。）

［　　　］ということ。
［　　　］ということ。
［　　　］ということ。
［　　　］ということ。

(2) 4（第四連《だいよんれん》）で、「いまどこかで産声《うぶごえ》があがるということ」と、反対《はんたい》のようなことが書《か》かれている一行《いちぎょう》を書《か》き出《だ》しましょう。

(3) 5（第五連《だいごれん》）で、人《ひと》は、どうすることがいま生《い》きていることだといっていますか。一行《いちぎょう》を書《か》き出《だ》しましょう。

今《いま》、あなたに考《かんが》えてほしいこと　(1)

名前

● 教科書《きょうかしょ》の「今《いま》、あなたに考《かんが》えてほしいこと」の全文《ぜんぶん》を読《よ》んだ後《あと》、次《つぎ》の文章《ぶんしょう》を二回《にかい》読《よ》んで、答《こた》えましょう。

1

二本《にほん》の足《あし》で歩《ある》くようになった人間《にんげん》は、自由《じゆう》な手《て》と考《かんが》える力《ちから》を使《つか》って技術《ぎじゅつ》を開発《かいはつ》し、自分《じぶん》の力《ちから》ではできないことができるようになり、生活《せいかつ》の便利《べんり》さは増《ま》しました。

でも、便利《べんり》になればよいとだけ思《おも》って技術《ぎじゅつ》を使《つか》っていると、資源《しげん》を使《つか》いすぎたり、はいき物《ぶつ》で環境《かんきょう》をよごしたりして、㋐自然《しぜん》をこわしてしまうことがあります。

2

自然《しぜん》がこわれると、さまざまな生《い》き物《もの》たちが生《い》きにくくなります。みんなが共《とも》に生《い》きている世界《せかい》なのですから、他《ほか》の生《い》き物《もの》が生《い》きにくければ人間《にんげん》も生《い》きにくくなるにちがいありません。自分《じぶん》のできることを思《おも》い切《き》りやって一生《いっしょう》けんめい生《い》きることは大事《だいじ》ですが、人間《にんげん》の場合《ばあい》、技術《ぎじゅつ》については、自然《しぜん》をこわさないようにということを考《かんが》えて使《つか》わなければなりません。

（令和二年度版　光村図書　国語六　創造　中村《なかむら》　桂子《けいこ》）

1　㋐自然《しぜん》をこわしてしまうことがあります。とありますが、それは、人間《にんげん》がどんな考《かんが》えで技術《ぎじゅつ》を使《つか》っている場合《ばあい》に起《お》こりますか。

生活《せいかつ》が［　　　　］とだけ思《おも》って技術《ぎじゅつ》を使《つか》っている場合《ばあい》。

2

(1)　自然《しぜん》がこわれると、どうなると筆者《ひっしゃ》は述《の》べていますか。

(2)　他《ほか》の生《い》き物《もの》が生《い》きにくければ、人間《にんげん》も生《い》きにくくなるのは、なぜですか。

みんなが［　　　　］世界《せかい》なのだから。

(3)　人間《にんげん》の場合《ばあい》、技術《ぎじゅつ》については、どんなことを考《かんが》えなければならないと筆者《ひっしゃ》は述《の》べていますか。

今《いま》、あなたに考《かんが》えてほしいこと (2)

名前

● 次《つぎ》の文章《ぶんしょう》を二回《にかい》読《よ》んで、答《こた》えましょう。

1

家《いえ》に残《のこ》っている家族《かぞく》が、おなかをすかせて食《た》べ物《もの》がほしいと思《おも》っているだろうと考《かんが》えるのは、他《ほか》の人《ひと》の心《こころ》を理解《りかい》することです。生《う》まれたばかりの赤《あか》ちゃんには、㋐この能力《のうりょく》はありません。

でも、赤《あか》ちゃんも、家族《かぞく》や周《まわ》りの人《ひと》との間《あいだ》でやり取《と》りをしているうちに、㋑だんだん相手《あいて》の心《こころ》が分《わ》かるようになり、それが全《すべ》ての人《ひと》を思《おも》いやる気持《きも》ちにまで広《ひろ》がるのです。

あなたはもう、この心《こころ》をもっているのではないでしょうか。

2

そして、今《いま》、考《かんが》えたいのは、その思《おも》いやりを他《ほか》の生《い》き物《もの》にまで広《ひろ》げることができるはずだということです。その思《おも》いやりがあれば、自然《しぜん》をこわさない暮《く》らし方《かた》を考《かんが》えようという気持《きも》ちになれるにちがいありません。

（令和二年度版　光村図書　国語六　創造　中村《なかむら》　桂子《けいこ》）

1

(1) ㋐この能力《のうりょく》とは、どんな能力《のうりょく》ですか。文中《ぶんちゅう》の言葉《ことば》で書《か》きましょう。

□□□□□ を理解《りかい》する能力《のうりょく》。

(2) 赤《あか》ちゃんは何《なに》をしているうちに、㋑相手《あいて》の心《こころ》が分《わ》かるようになるのですか。

家族《かぞく》や周《まわ》りの人《ひと》との間《あいだ》で □ をしているうちに。

(3) ㋑相手《あいて》の心《こころ》が分《わ》かるようになることが、どのような気持《きも》ちにまで広《ひろ》がるのですか。

2

筆者《ひっしゃ》は、全《すべ》ての人《ひと》を思《おも》いやる気持《きも》ちがあれば、どうすることができるはずだと述《の》べていますか。二《ふた》つ書《か》きましょう。

思《おも》いやりを □ に まで □ こと。

□ 暮《く》らし方《かた》を考《かんが》えようと思《おも》うこと。

今《いま》、あなたに考《かんが》えてほしいこと (3)

名前

● 次《つぎ》の文章《ぶんしょう》を二回《にかい》読《よ》んで、答《こた》えましょう。

1

〔今《いま》、考《かんが》えたいのは、全《すべ》ての人《ひと》を思《おも》いやる気持《きも》ちを、他《ほか》の生《い》き物《もの》にまで広《ひろ》げることができるはずだということです。その思《おも》いやりがあれば、自然《しぜん》をこわさない暮《く》らし方《かた》を考《かんが》えようという気持《きも》ちになれるにちがいありません。〕

この思《おも》いやる気持《きも》ちから生《う》まれたのが、想像力《そうぞうりょく》です。これは、他《ほか》の生《い》き物《もの》はもっていない、私《わたし》たち人間《にんげん》だけにあるものです。

2

遠《とお》くはなれたアフリカにも、あなたと同《おな》じ子《こ》どもたちが暮《く》らしていることを想像《そうぞう》してみてください。その子《こ》どもたちが食《た》べ物《もの》に困《こま》っていると知《し》ったら、手助《てだす》けしたいと思《おも》いませんか。百年《ひゃくねん》も昔《むかし》にいたであろう、あなたと同《おな》じくらいの子《こ》どもたちのことを思《おも》いうかべてみてください。どんな遊《あそ》びをしていたのだろうと考《かんが》えると、楽《たの》しくなってきませんか。また、百年先《ひゃくねんさき》はどんな社会《しゃかい》になっているのだろうと考《かんが》えると、わくわくしませんか。

（令和二年度版　光村図書　国語六　創造　中村《なかむら》　桂子《けいこ》）

1

(1) 全《すべ》ての人《ひと》や生《い》き物《もの》を思《おも》いやる気持《きも》ちから生《う》まれたものは、何《なん》ですか。

〔　　　　〕

(2) 「想像力《そうぞうりょく》」についてあてはまるものに○をつけましょう。

（　）どの生《い》き物《もの》ももっているもの。

（　）人間《にんげん》だけにあるもの。

2

(1) 遠《とお》くはなれたアフリカの、どんなことを想像《そうぞう》してみてほしいと筆者《ひっしゃ》は述《の》べていますか。

〔アフリカにも、あなたと同《おな》じ　　　　。〕

(2) アフリカの子《こ》どもたちのことの他《ほか》に、どんなことを想像《そうぞう》してみてほしいと述《の》べていますか。二《ふた》つ選《えら》んで○をつけましょう。

（　）百年《ひゃくねん》も昔《むかし》の暮《く》らしのこと。

（　）百年前《ひゃくねんまえ》の子《こ》どもたちの遊《あそ》びのこと。

（　）百年先《ひゃくねんさき》の遊《あそ》びのこと。

（　）百年先《ひゃくねんさき》の社会《しゃかい》のこと。

今《いま》、あなたに考《かんが》えてほしいこと (4)

名前

● 次《つぎ》の文章《ぶんしょう》を二回《にかい》読《よ》んで、答《こた》えましょう。

1

［思《おも》いやりの気持《きも》ちから生《う》まれたのが想像力《そうぞうりょく》で、これは、私《わたし》たち人間《にんげん》だけにあるものです。］

このような想像力《そうぞうりょく》で、人間《にんげん》だけでなく全《すべ》ての生《い》き物《もの》が上手《じょうず》に生《い》きるにはどうしたらよいだろうと考《かんが》えることができるはずです。これから生《う》まれてくる人《ひと》や、生《い》き物《もの》たちのことも考《かんが》えられるはずです。

2

㋐ 想像力《そうぞうりょく》を働《はたら》かせて、これからのことを考《かんが》えていくと、みなが生《い》き生《い》き暮《く》らせる社会《しゃかい》を考《かんが》え出《だ》すこともできるでしょう。

（令和二年度版　光村図書　国語六　創造　中村《なかむら》　桂子《けいこ》）

1 筆者《ひっしゃ》は、想像力《そうぞうりょく》があれば、どのようなことができるはずだと述《の》べていますか。二《ふた》つ書《か》きましょう。

人間《にんげん》だけでなく［　　　　］と考《かんが》えること。

これから［　　　　］人《ひと》や、生《い》き物《もの》たちのことも考《かんが》えること。

2

(1) ㋐にあてはまる言葉《ことば》に○をつけましょう。

（　）こうして

（　）けれども

(2) 想像力《そうぞうりょく》を働《はたら》かせて、これからのことを考《かんが》えていくと、どんな社会《しゃかい》を考《かんが》え出《だ》すことができると筆者《ひっしゃ》は述《の》べていますか。

［　　　　］社会《しゃかい》。

今《いま》、あなたに考《かんが》えてほしいこと (5)

名前

● 次《つぎ》の文章《ぶんしょう》を二回《にかい》読《よ》んで、答《こた》えましょう。

1

〔想像力《そうぞうりょく》を働《はたら》かせてこれからのことを考《かんが》えていくと、みなが生《い》き生《い》き暮《く》らせる社会《しゃかい》を考《かんが》え出《だ》すこともできるでしょう。〕

そして、そのような未来《みらい》にするには、技術《ぎじゅつ》をどのように使《つか》ったらよいだろうというところにまで思《おも》いを広《ひろ》げることができると思《おも》うのです。未来《みらい》のことまで考《かんが》えて生《い》き方《かた》を探《さが》していくのが、㋐今《いま》、求《もと》められている生《い》き方《かた》なのではないでしょうか。そのような生《い》き方《かた》で暮《く》らしたら、未来《みらい》はどうなるのか。そのときの技術《ぎじゅつ》はどのようなもので、どう使《つか》われているのか。

2

難《むずか》しいけれど、とても大事《だいじ》なことですし、すばらしいことを思《おも》いついたら、未来《みらい》は今《いま》よりずっと楽《たの》しくなるにちがいありません。㋑それが、今《いま》、あなたに考《かんが》えてほしいことです。みんなでいっしょに考《かんが》えていきませんか。

（令和二年度版　光村図書　国語六　創造　中村《なかむら》　桂子《けいこ》）

1

(1) みなが生《い》き生《い》き暮《く》らせるような未来《みらい》にするには、どういうところにまで思《おも》いを広《ひろ》げることができると、筆者《ひっしゃ》は考《かんが》えていますか。

〔　　　　をどのように使《つか》ったらよいだろうというところ。〕

(2) ㋐今《いま》、求《もと》められている生《い》き方《かた》とは、どうすることですか。

〔　　　　のことまで考《かんが》えて　　　　こと。〕

2

㋑それとは、どのようなことを指《さ》しますか。一《ひと》つに○をつけましょう。

（　）自分《じぶん》が過去《かこ》に経験《けいけん》した出来事《できごと》がどんなにすばらしかったか、ということ。

（　）みなが生《い》き生《い》き暮《く》らせる社会《しゃかい》を実現《じつげん》するために、未来《みらい》のことや、技術《ぎじゅつ》の使《つか》い方《かた》を考《かんが》えてどう生《い》きていくか、ということ。

（　）未来《みらい》のことではなく、今《いま》、どうすれば楽《たの》しく生《い》きられるか、ということ。

言葉《ことば》の宝箱《たからばこ》 (1)

名前

(1) 次《つぎ》の人物《じんぶつ》を表《あらわ》す言葉《ことば》と反対《はんたい》の意味《いみ》を表《あらわ》す言葉《ことば》を□から選《えら》んで書《か》きましょう。

① 悲観的《ひかんてき》 ↕ （　　　）

② 消極的《しょうきょくてき》 ↕ （　　　）

③ 未熟《みじゅく》 ↕ （　　　）

・成熟《せいじゅく》　・積極的《せっきょくてき》　・楽観的《らっかんてき》

(2) 次《つぎ》の人物《じんぶつ》を表《あらわ》す言葉《ことば》と、よく似《に》た意味《いみ》を表《あらわ》す言葉《ことば》を□から選《えら》んで書《か》きましょう。

① 率直《そっちょく》 （　　　）

② 誠実《せいじつ》 （　　　）

・真面目《まじめ》　・正直《しょうじき》

(3) 次《つぎ》の文《ぶん》を読《よ》んで、——線《せん》の言葉《ことば》の意味《いみ》に合《あ》うものに○をつけましょう。

① 山本《やまもと》さんは反対意見《はんたいいけん》をえんりょがちに言《い》った。

（　）言葉《ことば》や態度《たいど》をひかえめにするようす。

（　）力強《ちからづよ》く立派《りっぱ》にするようす。

② 博士《はかせ》は、少《すこ》し気難《きむずか》しい人《ひと》だ。

（　）気持《きも》ちがよい。こころよい。

（　）ちょっとしたことで文句《もんく》を言《い》ったり、すぐきげんが悪《わる》くなったりする。

言葉《ことば》の宝箱《たからばこ》 (2)

名前

(1) 次《つぎ》の言葉《ことば》と反対《はんたい》の意味《いみ》を表《あらわ》す言葉《ことば》を［　］から選《えら》んで書《か》きましょう。

① 抽象的《ちゅうしょうてき》 ↕ （　　）

② 現実的《げんじつてき》 ↕ （　　）

・理想的《りそうてき》
・具体的《ぐたいてき》

「抽象的《ちゅうしょうてき》」とは、「実際《じっさい》の物事《ものごと》からかけはなれていて、意味《いみ》がはっきりしないようす」を意味《いみ》し、「具体的《ぐたいてき》」とは、「物事《ものごと》の形《かたち》やようすがはっきり分《わ》かるようす」を意味《いみ》しているよ。

(2) 次《つぎ》の文《ぶん》の意味《いみ》に合《あ》う方《ほう》を○で囲《かこ》みましょう。

① 博士《はかせ》は夜中《よなか》まで研究《けんきゅう》を続《つづ》けるような ｛不都合《ふつごう》／不規則《ふきそく》｝ な生活《せいかつ》を送《おく》っている。

② 暗《くら》くて読書《どくしょ》に ｛不確《ふたし》か／不向《ふむ》き｝ な場所《ばしょ》では、照明《しょうめい》をつけよう。

(3) 次《つぎ》の文《ぶん》を読《よ》んで、——線《せん》の言葉《ことば》の意味《いみ》に合《あ》うものに○をつけましょう。

① あの人《ひと》なら、おそらく試験《しけん》に合格《ごうかく》するだろう。

（　）たぶん。きっと。

（　）おそろしく難《むずか》しい。

② 発表会《はっぴょうかい》の司会役《しかいやく》は、川口《かわぐち》さんにうってつけだ。

（　）つり合《あ》わないこと。

（　）ぴったりと合《あ》うこと。最《もっと》も適《てき》していること。

言葉《ことば》の宝箱《たからばこ》 (3)

名前

(1) 次《つぎ》の気持《きも》ちを表《あらわ》す言葉《ことば》と、よく似《に》た意味《いみ》を表《あらわ》す言葉《ことば》を下《した》から選《えら》んで――線《せん》で結《むす》びましょう。

① 心残《こころのこ》り ・　　　・ 不安《ふあん》

② 心《こころ》にひびく ・　　　・ 後悔《こうかい》

③ 心《こころ》もとない ・　　　・ かんめいを受《う》ける

「かんめいを受《う》ける」とは、「感動《かんどう》が心《こころ》にきざみつけられていつまでも忘《わす》れない」という意味《いみ》だよ。

(2) 次《つぎ》の文《ぶん》の意味《いみ》に合《あ》う方《ほう》を○で囲《かこ》みましょう。

① 約束《やくそく》の時間《じかん》におくれそうで、{ 気《き》が楽《らく》になる / 気《き》が気《き》でない }。

② ここでお別《わか》れだなんて { なごりおしい / くすぐったい }。

(3) 次《つぎ》の文《ぶん》を読《よ》んで、――線《せん》の言葉《ことば》の意味《いみ》に合《あ》うものに○をつけましょう。

① 一人《ひとり》で遊《あそ》ぶのは味気《あじけ》ない。

(　)おもしろみがなくて、つまらない。

(　)楽《たの》しくて、ゆかいだ。

② 雨《あめ》の日《ひ》の外出《がいしゅつ》はわずらわしい。

(　)つい笑《わら》ってしまうほど、おもしろい。

(　)手間《てま》がかかって、めんどうくさい。

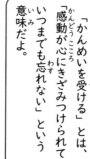

言葉《ことば》の宝箱《たからばこ》 (4)

名前

(1) 次《つぎ》の気持《きも》ちを表《あらわ》す言葉《ことば》の中《なか》で、他《ほか》の三《みっ》つとはちがう気持《きも》ちを表《あらわ》す言葉《ことば》を一《ひと》つ選《えら》んで○をつけましょう。

①
- （　）気《き》が楽《らく》になる
- （　）心残《こころのこ》り
- （　）解放感《かいほうかん》
- （　）かたの荷《に》が下《お》りる

②
- （　）ためらう
- （　）したう
- （　）いとしい
- （　）好感《こうかん》をもつ

(2) 次《つぎ》の文《ぶん》の意味《いみ》に合《あ》う方《ほう》を○で囲《かこ》みましょう。

① あのゲームがほしくてほしくて｛いとしい／たまらない｝。

② はくりょくのある歌声《うたごえ》に｛圧倒《あっとう》される／くつろぐ｝。

(3) 次《つぎ》の文《ぶん》の（　）にあてはまる言葉《ことば》を［　］から選《えら》んで書《か》きましょう。

㋐ いやみな言葉《ことば》を言《い》われた姉《あね》が（　　　）して席《せき》を立《た》つ。

㋑ 遠足《えんそく》が楽《たの》しみで、前日《ぜんじつ》から（　　　）する。

［そわそわ ・ むっと］

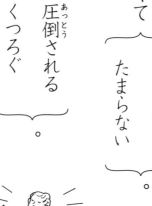

4頁

季節《きせつ》の言葉《ことば》3
秋深《あきふか》し　(1)

名前

教科書《きょうかしょ》の「季節《きせつ》の言葉《ことば》3　秋深《あきふか》し」を読《よ》んで、答《こた》えましょう。

(1) 次《つぎ》の二十四節気《にじゅうしせっき》の言葉《ことば》の読《よ》み方《かた》を□から選《えら》んで（　）に書《か》きましょう。
また、その言葉《ことば》に合《あ》う説明《せつめい》を下《した》から選《えら》んで──線《せん》で結《むす》びましょう。

① 立秋（りっしゅう）
② 処暑（しょしょ）
③ 秋分（しゅうぶん）

しょしょ・しゅうぶん・りっしゅう

- 昼《ひる》と夜《よる》の長《なが》さがほぼ等《ひと》しくなる。この日《ひ》からは、夜《よる》の時間《じかん》が長《なが》くなっていく。（九月二十三日《くがつにじゅうさんにち》ごろ）
- こよみの上《うえ》で、秋《あき》が始《はじ》まる日《ひ》。（八月八日《はちがつようか》ごろ）
- 暑《あつ》さがやむという意味《いみ》の言葉《ことば》。このころからすずしくなり始《はじ》める。（八月二十三日《はちがつにじゅうさんにち》ごろ）

(2) 次《つぎ》の短歌《たんか》を二回音読《にかいおんどく》して、答《こた》えましょう。

とことはに《わ》／吹《ふ》く夕暮《ゆうぐれ》の／風《かぜ》なれど／秋立《あきた》つ日《ひ》こそ／涼《すず》しかりけれ

藤原公実《ふじわらのきんざね》

※とことはに…いつでも。

（令和二年度版　光村図書　国語六　創造「季節の言葉3　秋深し」による）

① 五《ご》・七《しち》・五《ご》・七《しち》・七《しち》のリズムで読《よ》めるように、上《うえ》の短歌《たんか》を／線《せん》で区切《くぎ》りましょう。

② 「秋立《あきた》つ日《ひ》」とは、二十四節気《にじゅうしせっき》のうち、いつのことを指《さ》していますか。一《ひと》つに○をつけましょう。

（　）立夏《りっか》
（○）立秋《りっしゅう》
（　）秋分《しゅうぶん》

5頁

季節《きせつ》の言葉《ことば》3
秋深《あきふか》し　(2)

名前

● 次《つぎ》の俳句《はいく》を二回音読《にかいおんどく》して、答《こた》えましょう。

1

白露《しらつゆ》や／茨《いばら》の刺《とげ》に／一《ひと》つづ《ず》つ

与謝《よさ》　蕪村《ぶそん》

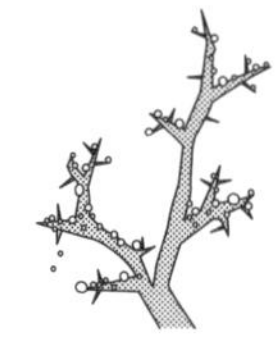

※茨《いばら》…バラやカラタチなど、とげのある木《き》。

2

鶏頭《けいとう》に／霜見《しもみ》る秋《あき》の／名残《なごり》かな

正岡《まさおか》　子規《しき》

※鶏頭《けいとう》…庭《にわ》などに植《う》えられる草花《くさばな》。夏《なつ》から秋《あき》にかけて、鶏《にわとり》の頭《あたま》にあるとさかに似《に》た赤《あか》や黄色《きいろ》の花《はな》がさく。
※名残《なごり》…あとになっても、その気配《けはい》が残《のこ》っていること。

（令和二年度版　光村図書　国語六　創造「季節の言葉3　秋深し」による）

1

(1) 五《ご》・七《しち》・五《ご》のリズムで読《よ》めるように、上《うえ》の俳句《はいく》を／線《せん》で区切《くぎ》りましょう。

(2) 上《うえ》の俳句《はいく》から、秋《あき》を表《あらわ》す季語《きご》を見《み》つけ、ひらがなで書《か》きましょう。

（しらつゆ）

(3) 作者《さくしゃ》は、何《なに》に季節《きせつ》を感《かん》じていますか。○をつけましょう。

（○）茨《いばら》の刺《とげ》の一《ひと》つ一《ひと》つに光《ひか》るつゆ。
（　）茨《いばら》の刺《とげ》の一《ひと》つ一《ひと》つのするどさ。

2

(1) 五《ご》・七《しち》・五《ご》のリズムで読《よ》めるように、上《うえ》の俳句《はいく》を／線《せん》で区切《くぎ》りましょう。

(2) 作者《さくしゃ》は、何《なに》に霜《しも》が降《お》りている様子《ようす》を見《み》ていますか。○をつけましょう。

（　）にわとりの頭《あたま》のとさか。
（○）ケイトウという名前《なまえ》の花《はな》。

(3) 作者《さくしゃ》は「鶏頭《けいとう》」の花《はな》に降《お》りた霜《しも》に、秋《あき》の何《なに》を感《かん》じていますか。俳句《はいく》の中《なか》の言葉《ことば》で書《か》き出《だ》しましょう。

（秋《あき》の 名残 ）

6頁

みんなで楽《たの》しく過《す》ごすために　(1)

名前

教科書《きょうかしょ》の「みんなで楽《たの》しく過《す》ごすために」を読《よ》んで、答《こた》えましょう。

(1) 自分《じぶん》たちが学校《がっこう》で中心《ちゅうしん》となって行《おこな》う活動《かつどう》について、議題《ぎだい》を確《たし》かめ、活動《かつどう》の目的《もくてき》や条件《じょうけん》を考《かんが》えて整理《せいり》しました。（　）にあてはまる言葉《ことば》を□から選《えら》んで書《か》きましょう。

①（議題）
交流週間《こうりゅうしゅうかん》に、一年生《いちねんせい》とどんな遊《あそ》びをしたらよいかを班《はん》ごとに考《かんが》える

②（目的）
楽《たの》しく遊《あそ》んで仲《なか》よくなる

③（条件）
・遊《あそ》ぶ時間《じかん》は、水曜日《すいようび》の五時間目《ごじかんめ》
・一年生《いちねんせい》にも難《むずか》しくない遊《あそ》び
・一年生《いちねんせい》も六年生《ろくねんせい》も楽《たの》しめる遊《あそ》び
・危険《きけん》のない遊《あそ》び

条件《じょうけん》・目的《もくてき》・議題《ぎだい》

（令和二年度版　光村図書　国語六　創造「みんなで楽しく過ごすために」による）

(2) 「一年生《いちねんせい》との交流《こうりゅう》で、どんな遊《あそ》びをしたらよいか」という話《はな》し合《あ》いをグループで行《おこな》います。次《つぎ》の①〜⑤は、その進《すす》め方《かた》の例《れい》です。（　）にあてはまる言葉《ことば》を□から選《えら》んで書《か》きましょう。

① 一人《ひとり》ずつ意見《いけん》を出《だ》し合《あ》う。
② それぞれの意見《いけん》について、たがいに（質問）し合《あ》い、疑問《ぎもん》などを明《あき》らかにする。
③ 目的《もくてき》や（条件）に比《くら》べ合《あ》わせて話《はな》し合《あ》い、仮《かり》の結論《けつろん》を決《き》める。
④（実際）に仮《かり》に決《き》めた遊《あそ》びをためして、問題点《もんだいてん》がないかを確《たし》かめる。
⑤ 必要《ひつよう》があればさらに話《はな》し合《あ》い、（最終）決定《けってい》をする。

・条件《じょうけん》　・質問《しつもん》
・最終《さいしゅう》　・実際《じっさい》

7頁

みんなで楽《たの》しく過《す》ごすために　(2)

名前

教科書《きょうかしょ》の「みんなで楽《たの》しく過《す》ごすために」を読《よ》んで、答《こた》えましょう。

● 次《つぎ》の文章《ぶんしょう》は、「交流週間《こうりゅうしゅうかん》に、一年生《いちねんせい》とどんな遊《あそ》びをしたらよいか」という議題《ぎだい》について、自分《じぶん》の考《かんが》えをノートに書《か》き出《だ》した例《れい》です。文章《ぶんしょう》を読《よ》んで、問題《もんだい》に答《こた》えましょう。

（　①　）	（　②　）	根拠《こんきょ》
さわられても、じゃんけんで勝《か》てばおににならない「じゃんけんおにごっこ」がよいと思《おも》う。	・おにごっこは、一年生《いちねんせい》にとってもルールが分《わ》かりやすいから。 ・じゃんけんをすることで、足《あし》の速《はや》さに関係《かんけい》なく、みんなが楽《たの》しめると思《おも》うから。	自分《じぶん》がようち園《えん》のときに、小学生《しょうがくせい》といっしょにやって楽《たの》しめた。

（令和二年度版　光村図書　国語六　創造「みんなで楽しく過ごすために」による）

(1) どんな遊《あそ》びがよいと書《か》いていますか。遊《あそ》びの名前《なまえ》を書《か》きましょう。

（じゃんけんおにごっこ）

(2) 「じゃんけんおにごっこ」は、どんなふうに遊《あそ》ぶおにごっこですか。

（さわられても、じゃんけんで勝てばおににならないおにごっこ。）

(3) 上《うえ》の表《ひょう》の①、②にあてはまる言葉《ことば》を□から選《えら》んで書《か》きましょう。

①（主張）
②（理由）

理由《りゆう》・主張《しゅちょう》

解答例

本書の解答は，あくまでもひとつの例です。児童に取り組ませる前に，必ず指導される方が問題を解いてください。指導される方の作られた解答をもとに，児童の多様な考えに寄り添って○つけをお願いします。

8頁

伝《つた》えにくいことを伝《つた》える

名前

● 次《つぎ》の文章《ぶんしょう》を二回《にかい》読《よ》んで、答《こた》えましょう。

1

私《わたし》たちの日常生活《にちじょうせいかつ》では、話《はな》し合《あ》いで、相手《あいて》の考《かんが》えに対《たい》して否定的《ひていてき》な意見《いけん》を言《い》うときなど、㋐少《すこ》し伝《つた》えにくいことを伝《つた》えなければならないときがあります。

ここでは、ボールの使《つか》い方《かた》に関《かん》する場面《ばめん》を例《れい》に、考《かんが》えてみましょう。

2

どのように言《い》えば、自分《じぶん》の伝《つた》えたいことが相手《あいて》に正《ただ》しく伝《つた》わるでしょうか。次《つぎ》のように言《い》うと、相手《あいて》はどう感《かん》じるでしょうか。

（令和二年度版　光村図書　国語六　創造「伝えにくいことを伝える」による）

1

(1) ㋐少《すこ》し伝《つた》えにくいことを伝《つた》えなければならないときの例《れい》として、何《なに》に関《かん》する場面《ばめん》を考《かんが》えようといっていますか。

ボールの使い方

(2) ボールの使《つか》い方《かた》について、どんなところが問題《もんだい》だと(あ)の子《こ》どもは考《かんが》えていますか。

ボールはクラスに一《ひと》つしかないのに、**いつも使う人が決まっている**ところ。

2

次《つぎ》の文《ぶん》の説明《せつめい》は、文中《ぶんちゅう》の(い)～(え)のどの言《い》い方《かた》にあてはまりますか。記号《きごう》で答《こた》えましょう。

（**え**）自分《じぶん》の伝《つた》えたいことを伝《つた》えている。言《い》ったとおりにルールを決《き》めれば、みんなが気持《きも》ちよく使《つか》えるようになるかもしれない。

（**い**）自分《じぶん》の伝《つた》えたいことは伝《つた》わるが、けんかになったり相手《あいて》がいやな気《き》もちになるかもしれない。

（**う**）「いいなあ。」と言《い》われて相手《あいて》はいやな思《おも》いはしないが、自分《じぶん》の思《おも》いが正確《せいかく》に伝《つた》わらないかもしれない。

9頁

『鳥獣戯画《ちょうじゅうぎが》』を読《よ》む (1)

名前

● 教科書《きょうかしょ》の「『鳥獣戯画《ちょうじゅうぎが》』を読《よ》む」の全文《ぜんぶん》を読《よ》んだ後《あと》、次《つぎ》の文章《ぶんしょう》を二回《にかい》読《よ》んで、答《こた》えましょう。

1

もんどりうって転《ころ》がった兎《うさぎ》の、背中《せなか》や右足《みぎあし》の線《せん》。㋐勢《いきお》いがあって、絵《え》が止《と》まっていない。動《うご》きがある。しかも、投《な》げられたのに目《め》も口《くち》も笑《わら》っている。㋑それがはっきりとわかる。そういえば、前《まえ》の絵《え》の、応援《おうえん》していた兎《うさぎ》たちも笑《わら》っていた。ほんのちょっとした筆《ふで》さばきだけで、見事《みごと》にそれを表現《ひょうげん》している。㋒たいしたものだ。

※もんどりうつ…宙返《ちゅうがえ》りをする。
※筆《ふで》さばき…筆《ふで》の上手《じょうず》な動《うご》かし方《かた》。

2

では、なぜ、兎《うさぎ》たちは笑《わら》っていたのだろうか。蛙《かえる》と兎《うさぎ》は仲良《なかよ》しで、この相撲《すもう》も、対立《たいりつ》や真剣勝負《しんけんしょうぶ》を描《えが》いているのではなく、蛙《かえる》のずるをふくめ、あくまでも和気《わき》あいあいとした遊《あそ》びだからにちがいない。

（令和二年度版　光村図書　国語六　創造　高畑《たかはた》勲《いさお》）

1

(1) ㋐勢《いきお》いがあって、絵《え》が止《と》まっていない。動《うご》きがある。のは、何《なん》ですか。

もんどりうって転《ころ》がった兎《うさぎ》の、**背中や右足の線**。

(2) ㋑それとは、何《なに》を指《さ》していますか。

投《な》げられた兎《うさぎ》の目《め》も口《くち》も**笑っている**こと。

(3) どんなことを、㋒たいしたものだ。といっていますか。○をつけましょう。

（　）兎《うさぎ》の絵《え》が本物《ほんもの》そっくりなこと。

（**○**）兎《うさぎ》の表情《ひょうじょう》を、ほんのちょっとした筆《ふで》さばきだけで表現《ひょうげん》していること。

2

兎《うさぎ》たちが笑《わら》っていたのは、なぜだと筆者《ひっしゃ》は考《かんが》えましたか。

蛙《かえる》と兎《うさぎ》は**仲良し**で、この相撲《すもう》も、蛙《かえる》のずるをふくめ、あくまでも**和気あいあいとした遊び**だから。

10頁

『鳥獣戯画《ちょうじゅうぎが》』を読《よ》む (2)

名前

● 次《つぎ》の文章《ぶんしょう》を二回《にかい》読《よ》んで、答《こた》えましょう。

1

絵巻《えまき》の絵《え》は、くり広《ひろ》げるにつれて、右《みぎ》から左《ひだり》へと時間《じかん》が流《なが》れていく。ではもう一度《いちど》、この場面《ばめん》の全体《ぜんたい》を見《み》てみよう。まず、㋐「おいおい、それはないよ」と、笑《わら》いながら抗議《こうぎ》する応援《おうえん》の兎《うさぎ》が出《で》てきて、その先《さき》を見《み》ると、相撲《すもう》の蛙《かえる》が兎《うさぎ》の耳《みみ》をかんでいる。そして、その蛙《かえる》が激《はげ》しい気合《きあ》いとともに兎《うさぎ》を投《な》げ飛《と》ばすと、兎《うさぎ》は応援蛙《おうえんがえる》たちの足元《あしもと》に転《ころ》がって、三匹《さんびき》の蛙《かえる》はそれに反応《はんのう》する。

2

一枚《いちまい》の絵《え》だからといって、ある一瞬《いっしゅん》をとらえているのではなく、次々《つぎつぎ》と時間《じかん》が流《なが》れていることがわかるだろう。この三匹《さんびき》の応援蛙《おうえんがえる》のポーズと表情《ひょうじょう》もまた、実《じつ》にすばらしい。それぞれが、どういう気分《きぶん》を表現《ひょうげん》しているのか、今度《こんど》は君《きみ》たちが考《かんが》える番《ばん》だ。

（令和二年度版　光村図書　国語六　創造　高畑《たかはた》勲《いさお》）

1

(1) 絵巻《えまき》の絵《え》は、どちらからどちらへと時間《じかん》が流《なが》れていきますか。

右から左へ（と流れていく）

(2) ㋐「おいおい、それはないよ」と言《い》ったのは、だれですか。○をつけましょう。

（**○**）応援《おうえん》する兎《うさぎ》。

（　）相撲《すもう》で蛙《かえる》に耳《みみ》をかまれた兎《うさぎ》。

(3) 上《うえ》の絵巻《えまき》の絵《え》では、どのように時間《じかん》が流《なが》れていますか。上《うえ》の絵《え》の（　）の中《なか》に、次《つぎ》の(あ)～(お)を書《か》き入《い》れましょう。

(あ) 相撲《すもう》の蛙《かえる》が兎《うさぎ》の耳《みみ》をかんでいる。
(い) 兎《うさぎ》が応援蛙《おうえんがえる》たちの足元《あしもと》に転《ころ》がる。
(う) 抗議《こうぎ》する応援《おうえん》の兎《うさぎ》が出《で》てくる。
(え) 投《な》げられた兎《うさぎ》に応援蛙《おうえんがえる》たちが反応《はんのう》する。
(お) 相撲《すもう》の蛙《かえる》が兎《うさぎ》を投《な》げ飛《と》ばす。

2

(1) 筆者《ひっしゃ》は、一枚《いちまい》の絵《え》でも、どんなことがわかると述《の》べていますか。

次々と時間が流れていること。

(2) 三匹《さんびき》の応援蛙《おうえんがえる》の、何《なに》が実《じつ》にすばらしいと述《の》べていますか。二《ふた》つ書《か》きましょう。

ポーズ　**表情**

11頁

『鳥獣戯画《ちょうじゅうぎが》』を読《よ》む (3)

名前

● 次《つぎ》の文章《ぶんしょう》を二回《にかい》読《よ》んで、答《こた》えましょう。

1

〔『鳥獣戯画《ちょうじゅうぎが》』の絵巻《えまき》の絵《え》は、右《みぎ》から左《ひだり》へと、次々《つぎつぎ》と時間《じかん》が流《なが》れていることがわかる。〕

この絵巻《えまき》がつくられたのは、今《いま》から八百五十年《はっぴゃくごじゅうねん》ほど前《まえ》、平安時代《へいあんじだい》の終《お》わり、平家《へいけ》が天下《てんか》を取《と》ろうとしていたころだ。『鳥獣戯画《ちょうじゅうぎが》』だけではない。この時代《じだい》には、ほかにもとびきりすぐれた絵巻《えまき》がいくつも制作《せいさく》され、上手《じょうず》な絵《え》と言葉《ことば》で、長《なが》い物語《ものがたり》を実《じつ》に生《い》き生《い》きと語《かた》っている。

※とびきり…ずばぬけて。

2

そして、これら絵巻物《えまきもの》に始《はじ》まり、江戸時代《えどじだい》には、絵本《えほん》（絵入《えい》り読《よ》み物《もの》）や写《うつ》し絵《え》（幻灯芝居《げんとうしばい》）、昭和時代《しょうわじだい》には、紙芝居《かみしばい》、漫画《まんが》やアニメーションが登場《とうじょう》し、子《こ》どもだけでなく、大人《おとな》もおおいに楽《たの》しませてきた。十二世紀《じゅうにせいき》から今日《こんにち》まで、言葉《ことば》だけでなく絵《え》の力《ちから》を使《つか》って物語《ものがたり》を語《かた》るものが、とぎれることなく続《つづ》いているのは、日本文化《にほんぶんか》の大《おお》きな特色《とくしょく》なのだ。

紙芝居《かみしばい》

（令和二年度版　光村図書　国語六　創造　高畑《たかはた》勲《いさお》）

1

(1) 『鳥獣戯画《ちょうじゅうぎが》』の絵巻《えまき》がつくられたのは、今《いま》から何年《なんねん》ほど前《まえ》でしたか。

八百五十年（ほど前）

(2) 『鳥獣戯画《ちょうじゅうぎが》』がつくられた時代《じだい》には、ほかにどんなものが制作《せいさく》されましたか。

上手《じょうず》な**絵**と**言葉**で、長《なが》い物語《ものがたり》を生《い》き生《い》きと語《かた》る、とびきり**すぐれた絵巻**。

2

(1) 昭和時代《しょうわじだい》に登場《とうじょう》したものは、何《なん》ですか。三《みっ》つ書《か》きましょう。（習《なら》っていない漢字《かんじ》は、ひらがなで書《か》きましょう。）

紙しばい　**まん画**　**アニメーション**

(2) 筆者《ひっしゃ》は、どういうことを日本文化《にほんぶんか》の大《おお》きな特色《とくしょく》だと述《の》べていますか。

十二世紀から今日《こんにち》まで、言葉《ことば》だけでなく**絵の力**を使《つか》って物語《ものがたり》を語《かた》るものが、とぎれることなく**続いている**こと。

本書の解答は，あくまでもひとつの例です。児童に取り組ませる前に，必ず指導される方が問題を解いてください。指導される方の作られた解答をもとに，児童の多様な考えに寄り添って○つけをお願いします。

解答例

12頁

『鳥獣戯画《ちょうじゅうぎが》』を読《よ》む (4)

名前

● 次《つぎ》の文章《ぶんしょう》を二回《にかい》読《よ》んで、答《こた》えましょう。

1

十二世紀《じゅうにせいき》という大昔《おおむかし》に、まるで漫画《まんが》やアニメのような、こんなに楽《たの》しく、とびきりモダンな絵巻物《えまきもの》が生《う》み出《だ》されたとは、なんと㋐すてきでおどろくべきことだろう。しかも、㋑筆《ふで》で描《えが》かれたひとつひとつの絵《え》が、実《じつ》に自然《しぜん》でのびのびしている。描《えが》いた人《ひと》はきっと、何物《なにもの》にもとらわれない、自由《じゆう》な心《こころ》をもっていたにちがいない。

世界《せかい》を見渡《みわた》しても、そのころの絵《え》で、これほど自由闊達《じゆうかったつ》なものはどこにも見《み》つかっていない。

※モダン…現代的《げんだいてき》。
※自由闊達《じゆうかったつ》…物事《ものごと》にこだわらず、自分《じぶん》の思《おも》うままに行動《こうどう》するさま。

2

描《えが》かれてから八百五十年《はっぴゃくごじゅうねん》、祖先《そせん》たちは、幾多《いくた》の変転《へんてん》や火災《かさい》のたびに救《すく》い出《だ》し、そのせいで一部《いちぶ》が失《うしな》われたり破《やぶ》れたりしたにせよ、この絵巻物《えまきもの》を大切《たいせつ》に保存《ほぞん》し、私《わたくし》たちに伝《つた》えてくれた。『鳥獣戯画《ちょうじゅうぎが》』は、だから、国宝《こくほう》であるだけでなく、人類《じんるい》の宝《たから》なのだ。

※幾多《いくた》の変転《へんてん》…大変《たいへん》なできごとが、何度《なんど》もあったこと。

（令和二年度版　光村図書　国語六　創造　高畑《たかはた》勲《いさお》）

1

(1) 十二世紀《じゅうにせいき》という大昔《おおむかし》に、どんなものが生《う》み出《だ》されたことを、㋐すてきでおどろくべきことだと筆者《ひっしゃ》は述《の》べていますか。（習《なら》っていない言葉《ことば》は、ひらがなで書《か》きましょう。）

〔まるで **まん画** や **アニメ** のように、楽《たの》しくとびきりモダンな **絵巻物**。〕

(2) ㋑筆《ふで》で描《えが》かれた…のびのびしている。とありますが、このことから、描《えが》いた人《ひと》は、どういう心《こころ》をもっていたと、筆者《ひっしゃ》は考《かんが》えましたか。

〔**自由な** 心《こころ》。〕

2

(1) 『鳥獣戯画《ちょうじゅうぎが》』の絵巻物《えまきもの》を大切《たいせつ》に保存《ほぞん》し、私《わたくし》たちに伝《つた》えてくれたのは、だれですか。

〔**祖先たち**〕

(2) 大切《たいせつ》に保存《ほぞん》されてきたことから、『鳥獣戯画《ちょうじゅうぎが》』は、どんな宝《たから》だと筆者《ひっしゃ》は述《の》べていますか。二《ふた》つ書《か》きましょう。

〔**国宝**〕〔**人類の宝**〕

13頁

情報《じょうほう》 調《しら》べた情報《じょうほう》の用《もち》い方《かた》

名前

教科書《きょうかしょ》の「調《しら》べた情報《じょうほう》の用《もち》い方《かた》」を読《よ》んで、答《こた》えましょう。

(1) 次《つぎ》の文《ぶん》は、調《しら》べた情報《じょうほう》を適切《てきせつ》に用《もち》いて引用《いんよう》するときの注意点《ちゅういてん》をまとめたものです。（　）にあてはまる言葉《ことば》を□から選《えら》んで書《か》きましょう。

① 調《しら》べた情報《じょうほう》を引用《いんよう》するときは、（ **かぎ** ）を付《つ》けたり、引用部分《いんようぶぶん》を本文《ほんぶん》よりも少《すこ》し下《さ》げたりして、他《ほか》と区別《くべつ》できるようにします。

② 引用《いんよう》した元《もと》の文章《ぶんしょう》は、（ **そのまま** ）ぬき出《だ》します。

③ 何《なに》から引用《いんよう》したのか、（ **出典** ）を示《しめ》します。

そのまま　・　出典《しゅってん》　・　かぎ

(2) 調《しら》べるときに使《つか》った本《ほん》などを「出典《しゅってん》」として示《しめ》すとき、必《かなら》ず書《か》かなければいけないことを四《よっ》つ選《えら》んで、○をつけましょう。

（○）書名《しょめい》　（○）筆者名《ひっしゃめい》　（　）本《ほん》の総《そう》ページ数《すう》
（○）出版社名《しゅっぱんしゃめい》　（　）読《よ》んだ日付《ひづけ》　（○）本《ほん》の発行年《はっこうねん》

(3) 「著作権《ちょさくけん》」についての説明《せつめい》として、あっているものに○、まちがっているものに×をつけましょう。

（○）文章《ぶんしょう》や音楽《おんがく》、絵《え》などの作品《さくひん》のことを著作物《ちょさくぶつ》といい、その作者《さくしゃ》がもつ権利《けんり》のことをいう。

（×）著作物《ちょさくぶつ》を使《つか》うときには、どんなときも作《つく》った人《ひと》の許可《きょか》を必要《ひつよう》としない。

（○）著作物《ちょさくぶつ》は、作《つく》った人《ひと》の許可《きょか》なしに無断《むだん》で使用《しよう》したり、変《か》えたりしてはいけない。

14頁

日本文化《にほんぶんか》を発信《はっしん》しよう (1)

名前

教科書《きょうかしょ》の「日本文化《にほんぶんか》を発信《はっしん》しよう」を読《よ》んで、答《こた》えましょう。

(1) 日本文化《にほんぶんか》のよさを知《し》らせるパンフレットを作《つく》ります。次《つぎ》の①〜⑤は、その活動《かつどう》の流《なが》れです。（　）にあてはまる言葉《ことば》を□から選《えら》んで書《か》きましょう。

① （ **題材** ）を決《き》めて、構想《こうそう》を練《ね》る。

② 本《ほん》や、新聞《しんぶん》、インターネットなどで（ **情報** ）を集《あつ》める。

③ 集《あつ》めた情報《じょうほう》を整理《せいり》して、パンフレットの（ **構成** ）を決《き》める。

④ ページの（ **割り付け** ）を決《き》めて、下書《したが》きをする。

⑤ 下書《したが》きに従《したが》って記事《きじ》を清書《せいしょ》し、紙面《しめん》を完成《かんせい》させる。

・構成《こうせい》　・題材《だいざい》　・情報《じょうほう》　・割《わ》り付《つ》け

(2) パンフレットにのせる記事《きじ》の文章構成《ぶんしょうこうせい》を考《かんが》えます。次《つぎ》の①〜③の場合《ばあい》は、どのような文章構成《ぶんしょうこうせい》がよいでしょう。——線《せん》で結《むす》びましょう。

① 題材《だいざい》のみりょくを伝《つた》えたいとき。
② 歴史《れきし》をしょうかいしたいとき。
③ 読《よ》み手《て》が疑問《ぎもん》に思《おも》いそうなことを説明《せつめい》したいとき。

・「初《はじ》め」に「問《と》い」を書《か》き、それに答《こた》えながら説明《せつめい》する。
・みりょくの理由《りゆう》や事例《じれい》を挙《あ》げて説明《せつめい》する。
・出来事《できごと》を時代順《じだいじゅん》に書《か》いたり、出来事《できごと》が起《お》きた原因《げんいん》と結果《けっか》の関係《かんけい》で整理《せいり》したりする。

（解答：①—みりょくの理由や事例を挙げて説明する。②—出来事を時代順に書いたり、出来事が起きた原因と結果の関係で整理したりする。③—「初め」に「問い」を書き、それに答えながら説明する。）

15頁

日本文化《にほんぶんか》を発信《はっしん》しよう (2)

名前

教科書《きょうかしょ》の「日本文化《にほんぶんか》を発信《はっしん》しよう」を読《よ》んで、答《こた》えましょう。

(1) 日本文化《にほんぶんか》のよさをパンフレットにまとめようと、「和食《わしょく》のみりょく」の記事《きじ》を下書《したが》きしました。次《つぎ》の下書《したが》きの文章《ぶんしょう》の一部《いちぶ》を読《よ》んで、問題《もんだい》に答《こた》えましょう。

見出《みだ》し
和食《わしょく》は、栄養満点《えいようまんてん》

小見出《こみだ》し
「うまみ」をいかして

和食《わしょく》のおいしさの秘密《ひみつ》は、なんといっても、㋐「うまみ」です。和食《わしょく》の基本《きほん》となるだしや、しょうゆやみそなどのはっこう食品《しょくひん》には、たくさんの「うまみ」がふくまれています。

（令和二年度版　光村図書　国語六　創造　「日本文化を発信しよう」による）

① 「和食《わしょく》は、栄養満点《えいようまんてん》」という見出《みだ》しを、「和食《わしょく》を食《た》べて健康《けんこう》に」に変《か》えることにしました。その理由《りゆう》として考《かんが》えられるものに○をつけましょう。

（○）「健康《けんこう》」という言葉《ことば》を使《つか》ったほうが和食《わしょく》のよさが伝《つた》わるから。

（　）見出《みだ》しの文章《ぶんしょう》が長《なが》いほうが分《わ》かりやすいから。

② ㋐「うまみ」です。のところを、「『うまみ』。」と言《い》い切《き》った形《かたち》にすると、どんな効果《こうか》がありますか。○をつけましょう。

（　）読《よ》み手《て》に問《と》いかける効果《こうか》。

（○）「うまみ」という言葉《ことば》を強調《きょうちょう》する効果《こうか》。

(2) 次《つぎ》の絵《え》は、パンフレットの表紙《ひょうし》と裏表紙《うらびょうし》の紙面《しめん》の割《わ》り付《つ》け例《れい》です。パンフレットの①、②の部分《ぶぶん》には、何《なに》を書《か》けばよいでしょう。□から選《えら》んで記号《きごう》で答《こた》えましょう。

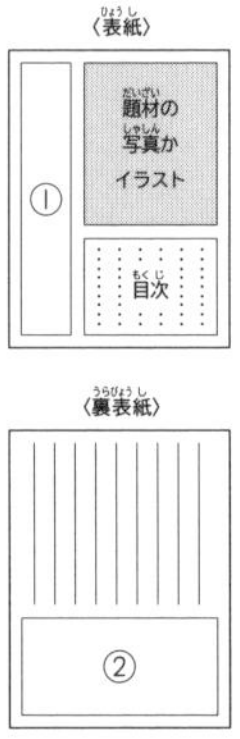

㋐ 参考《さんこう》にした資料《しりょう》　㋑ 題名《だいめい》

① ㋑　② ㋐

解答例

本書の解答は，あくまでもひとつの例です。児童に取り組ませる前に，必ず指導される方が問題を解いてください。指導される方の作られた解答をもとに，児童の多様な考えに寄り添って○つけをお願いします。

16頁

古典芸能《こてんげいのう》の世界《せかい》（1）——演《えん》じて伝《つた》える

名前

● 次《つぎ》の文章《ぶんしょう》を二回《にかい》読《よ》んで、答《こた》えましょう。

1

狂言《きょうげん》は、室町時代《むろまちじだい》に行《おこな》われるようになった演劇《えんげき》で、その内容《ないよう》は観客《かんきゃく》を笑《わら》わせる喜劇《きげき》です。多《おお》くの作品《さくひん》が、二《に》、三人《さんにん》の登場人物《とうじょうじんぶつ》で上演《じょうえん》され、せりふやしぐさを中心《ちゅうしん》としたものになっています。

※しぐさ…身《み》ぶり。

2

また、狂言《きょうげん》は、何《なに》もない舞台《ぶたい》の上《うえ》で演《えん》じられます。そのため、役者自身《やくしゃじしん》が、動物《どうぶつ》の鳴《な》き声《ごえ》や鐘《かね》の音《おと》などを声《こえ》に出《だ》して表現《ひょうげん》します。観客《かんきゃく》は、そこから様子《ようす》を想像《そうぞう》して楽《たの》しむのです。

（令和二年度版　光村図書　国語六　創造「古典芸能の世界」による）

1

(1) 何《なん》という古典芸能《こてんげいのう》について説明《せつめい》していますか。（習《なら》っていない漢字《かんじ》は、ひらがなで書《か》きましょう。）

狂言（きょう言）

(2) 狂言《きょうげん》が行《おこな》われるようになったのは、いつですか。

室町時代

(3) 狂言《きょうげん》は、どのような演劇《えんげき》ですか。○をつけましょう。

（○）観客《かんきゃく》を笑《わら》わせる喜劇《きげき》。

（　）観客《かんきゃく》を泣《な》かせる悲劇《ひげき》。

2

(1) 狂言《きょうげん》は、どんな舞台《ぶたい》の上《うえ》で演《えん》じられますか。

何もない 舞台《ぶたい》。

(2) 狂言《きょうげん》で、役者自身《やくしゃじしん》が声《こえ》に出《だ》して表現《ひょうげん》するものを二《ふた》つ書《か》き出《だ》しましょう。

動物の鳴き声

鐘の音

17頁

古典芸能《こてんげいのう》の世界《せかい》（2）——演《えん》じて伝《つた》える

名前

教科書《きょうかしょ》の「古典芸能《こてんげいのう》の世界《せかい》——演《えん》じて伝《つた》える」を読《よ》んで、答《こた》えましょう。

● 次《つぎ》の文章《ぶんしょう》は、昔《むかし》から続《つづ》いている四《よっ》つの古典芸能《こてんげいのう》について特色《とくしょく》をまとめたものです。（　）にあてはまる言葉《ことば》を□から選《えら》んで書《か》きましょう。

	狂言《きょうげん》	能《のう》	歌舞伎《かぶき》	人形浄瑠璃《にんぎょうじょうるり》（文楽《ぶんらく》）
始《はじ》まった時代《じだい》	室町時代《むろまちじだい》	狂言《きょうげん》と同《おな》じ（室町）時代《じだい》	江戸時代《えどじだい》	（江戸）時代《じだい》
特色《とくしょく》	・観客《かんきゃく》を笑《わら》わせる（喜劇）。 ・何《なに》もない舞台《ぶたい》の上《うえ》で、役者自身《やくしゃじしん》が、動物《どうぶつ》の鳴《な》き声《ごえ》や鐘《かね》の音《おと》などを声《こえ》に出《だ》して表現《ひょうげん》する。	・劇《げき》の内容《ないよう》は、主《おも》に悲劇《ひげき》。 ・主人公《しゅじんこう》の多《おお》くは（能面）を用《もち》い、顔《かお》の向《む》きを変《か》えることで表情《ひょうじょう》を変化《へんか》させる。	・音楽《おんがく》や（おどり）、登場人物《とうじょうじんぶつ》のせりふやしぐさといった要素《ようそ》を合《あ》わせた演劇《えんげき》。 ・「隈取《くまどり》」や「見得《みえ》を切《き》る（にらむ動《うご》き）」など、独特《どくとく》な演出《えんしゅつ》や演技《えんぎ》がある。	・せりふや場面《ばめん》の様子《ようす》などを語《かた》る「太夫《たゆう》」、伴奏《ばんそう》の「三味線《しゃみせん》」、（人形）をあやつる「人形《にんぎょう》つかい」によって演《えん》じられる。

・江戸《えど》　・能面《のうめん》　・人形《にんぎょう》　・室町《むろまち》　・おどり　・喜劇《きげき》

18頁

カンジー博士《はかせ》の漢字学習《かんじがくしゅう》の秘伝《ひでん》（1）（まちがえやすい形《かたち》の漢字《かんじ》）

名前

複雑《ふくざつ》な形《かたち》や、見慣《みな》れない形《かたち》の漢字《かんじ》は、次《つぎ》のような点《てん》に注意《ちゅうい》しましょう。

・線《せん》の数《かず》　〈例《れい》〉「達」「講」「積」など。

・点《てん》があるかないか　〈例《れい》〉「博」「域」「専」など。

・つき出《だ》すか　つき出《だ》さないか　〈例《れい》〉「棒」「垂」「善」など。

・見慣《みな》れない形《かたち》　〈例《れい》〉「蒸」「脈」「就」など。

(1) □にあてはまる漢字《かんじ》を□から選《えら》んで、漢字《かんじ》の形《かたち》（線《せん》の数《かず》）に気《き》をつけて書《か》きましょう。

① 自転車《じてんしゃ》の講《こう》習会《しゅうかい》に出《で》る。

② 早起《はやお》きの習《しゅう》慣《かん》をつける。

③ トラックに荷物《にもつ》を積《つ》む。

④ 水泳《すいえい》が上《じょう》達《たつ》する。

積・達・慣・講

(2) □にあてはまる漢字《かんじ》を□から選《えら》んで、漢字《かんじ》の形《かたち》（点《てん》があるかないか）に気《き》をつけて書《か》きましょう。

① 専《せん》門家《もんか》の意見《いけん》を聞《き》く。

② こわれた機《き》械《かい》を直《なお》す。

③ 博《はく》物館《ぶつかん》の展示品《てんじひん》を見《み》る。

④ 初《はつ》もうでに出《で》かける。

専・博・初・機

19頁

カンジー博士《はかせ》の漢字学習《かんじがくしゅう》の秘伝《ひでん》（2）（まちがえやすい形《かたち》の漢字《かんじ》）

名前

(1) □にあてはまる漢字《かんじ》を□から選《えら》んで、漢字《かんじ》の形《かたち》（つき出《だ》すか　つき出《だ》さないか）に気《き》をつけて書《か》きましょう。

① 垂《すい》直《ちょく》な線《せん》を引《ひ》く。

② 食生活《しょくせいかつ》を改《かい》善《ぜん》する。

③ リコーダーを演《えん》奏《そう》する。

④ 鉄《てっ》棒《ぼう》の練習《れんしゅう》をする。

⑤ みんなで初日《はつひ》の出《で》を拝《おが》む。

棒・拝・善・奏・垂

(2) □にあてはまる漢字《かんじ》を□から選《えら》んで、漢字《かんじ》の形《かたち》に気《き》をつけて書《か》きましょう。

① 委員長《いいんちょう》に就《しゅう》任《にん》する。

② 地図《ちず》で山《さん》脈《みゃく》の位置《いち》を調《しら》べる。

③ 危《き》険《けん》な場所《ばしょ》に注意《ちゅうい》する。

④ 蒸《じょう》気機関車《ききかんしゃ》に乗《の》る。

⑤ 単《たん》純《じゅん》な問題《もんだい》だから答《こた》えがすぐ分《わ》かった。

危・純・蒸・就・脈

20頁

カンジー博士《はかせ》の漢字学習《かんじがくしゅう》の秘伝《ひでん》 (3)
（複数《ふくすう》の音訓《おんくん》をもつ漢字《かんじ》）

名前

(1) 次《つぎ》の漢字《かんじ》を使《つか》った、——線《せん》の言葉《ことば》の読《よ》み方《かた》が正《ただ》しい方《ほう》に○をつけましょう。

① 行
- ㋐ あの子《こ》は親《おや》孝行な子《こ》だ。 （　）こうぎょう　（○）こうこう
- ㋑ 長《なが》い行列に並《なら》ぶ。 （○）ぎょうれつ　（　）こうれつ

② 火
- ㋐ 聖火リレーを見《み》る。 （○）せいか　（　）せいび
- ㋑ ぱちぱちと火花が散《ち》る。 （　）かばな　（○）ひばな

(2) 次《つぎ》の漢字《かんじ》を使《つか》った、——線《せん》の言葉《ことば》の読《よ》みがなを書《か》きましょう。

① 作
- ㋐ 表《ひょう》を作成する。 さくせい
- ㋑ いねかりの作業を手伝《てつだ》う。 さぎょう
- ㋒ ケーキを作る。 つくる

② 便
- ㋐ 便利な道具《どうぐ》を使《つか》う。 べんり
- ㋑ 郵便ポストに手紙《てがみ》を出《だ》す。 ゆうびん
- ㋒ 祖母《そぼ》から便りが届《とど》く。 たより

20

21頁

カンジー博士《はかせ》の漢字学習《かんじがくしゅう》の秘伝《ひでん》 (4)
（複数《ふくすう》の音訓《おんくん》をもつ漢字《かんじ》）

名前

● 次《つぎ》の漢字《かんじ》を使《つか》った、——線《せん》の言葉《ことば》の読《よ》みがなを書《か》きましょう。

① 金
- ㋐ かばんの金具がこわれる。 かなぐ
- ㋑ 宝石《ほうせき》を金庫で保管《ほかん》する。 きんこ
- ㋒ 黄金のかんむりをかぶる。 おうごん

② 家
- ㋐ 有名《ゆうめい》な作家の本《ほん》を読《よ》む。 さっか
- ㋑ 学校《がっこう》を出《で》て家路につく。 いえじ
- ㋒ 今月《こんげつ》の家賃をはらう。 やちん

③ 間
- ㋐ 昼間に洗《せん》たく物《もの》を干《ほ》す。 ひるま
- ㋑ 約束《やくそく》の時間に公園《こうえん》へ行《い》く。 じかん
- ㋒ それは世間に広《ひろ》く知《し》られた話《はなし》だ。 せけん

21

22頁

カンジー博士《はかせ》の漢字学習《かんじがくしゅう》の秘伝《ひでん》 (5)
（送《おく》り仮名《がな》）

名前

(1) 次《つぎ》の——線《せん》の言葉《ことば》を漢字《かんじ》と送《おく》り仮名《がな》で書《か》くとき、送《おく》り仮名《がな》が正《ただ》しい方《ほう》に○をつけましょう。

① 高《たか》い鉄棒《てつぼう》で逆上《さかあ》がりをこころみる。 （　）試ろみる　（○）試みる

② 計算《けいさん》が合《あ》っているかをたしかめる。 （○）確かめる　（　）確める

③ 大雨《おおあめ》で川《かわ》の水《みず》の量《りょう》がふえる。 （○）増える　（　）増る

④ 早朝《そうちょう》から母《はは》がパン屋《や》ではたらく。 （　）働らく　（○）働く

(2) 次《つぎ》の——線《せん》の言葉《ことば》を漢字《かんじ》と送《おく》り仮名《がな》で書《か》きましょう。漢字《かんじ》は□から選《えら》んで書《か》きましょう。

① 火事《かじ》の原因《げんいん》があきらかになる。 明らか

② みずからの目《め》で結果《けっか》を確認《かくにん》する。 自ら

③ 台風《たいふう》がふたたびやって来《く》る。 再び

④ 夕方五時《ゆうがたごじ》までにかならず帰《かえ》る。 必ず

自・必・明・再

22

23頁

カンジー博士《はかせ》の漢字学習《かんじがくしゅう》の秘伝《ひでん》 (6)
（送《おく》り仮名《がな》）

名前

(1) 次《つぎ》の——線《せん》の言葉《ことば》を漢字《かんじ》と送《おく》り仮名《がな》で書《か》きましょう。漢字《かんじ》は□から選《えら》んで書《か》きましょう。

① 雨《あめ》のいきおいが強《つよ》くなる。 勢い

② むずかしい問題《もんだい》を解《と》く。 難しい

③ あたたかいお茶《ちゃ》を飲《の》む。 温かい

④ しあわせな気分《きぶん》になる。 幸せ

幸・勢・温・難

(2) 次《つぎ》の——線《せん》の言葉《ことば》を漢字《かんじ》と送《おく》り仮名《がな》で書《か》きましょう。漢字《かんじ》は□から選《えら》んで書《か》きましょう。

① 待《ま》ち合《あ》わせの時間《じかん》をわすれる。 忘れる

② 音楽家《おんがくか》をこころざす。 志す

③ 友達《ともだち》の家《いえ》をおとずれる。 訪れる

④ 友達《ともだち》のさそいをことわる。 断る

志・訪・忘・断

23

解答例

本書の解答は，あくまでもひとつの例です。児童に取り組ませる前に，必ず指導される方が問題を解いてください。指導される方の作られた解答をもとに，児童の多様な考えに寄り添って○つけをお願いします。

24頁

狂言《きょうげん》　柿山伏《かきやまぶし》　(1)

名前

● 次《つぎ》の文章《ぶんしょう》を二回読《にかいよ》んで、答《こた》えましょう。

1

狂言《きょうげん》は、せりふやしぐさを主《しゅ》とした劇《げき》で、能舞台《のうぶたい》の上《うえ》で演《えん》じられます。主役《しゅやく》を「シテ」、その相手役《あいてやく》を「アド」といいます。

せりふは昔《むかし》の言葉《ことば》のままで、独特《どくとく》の調子《ちょうし》があります。観客《かんきゃく》に自己《じこ》しょうかいをしたり、物音《ものおと》を言葉《ことば》で表《あらわ》したりするというような工夫《くふう》もされています。

※しぐさ…身《み》ぶり。

2

狂言《きょうげん》には、大名《だいみょう》、大名《だいみょう》に仕《つか》える家臣《かしん》、山伏《やまぶし》、農民《のうみん》、神《かみ》、かみなり、おになどさまざまな人物《じんぶつ》が登場《とうじょう》し、それぞれが引《ひ》き起《お》こす失敗《しっぱい》やまちがいが楽《たの》しく愉快《ゆかい》に演《えん》じられます。

※家臣《かしん》…家来《けらい》。
※山伏《やまぶし》…山《やま》の中《なか》で修行《しゅぎょう》する者《もの》。

(令和二年度版　光村図書　国語六　創造「狂言　柿山伏」による)

1

(1) 狂言《きょうげん》は、何《なに》と何《なに》を主《しゅ》とした劇《げき》ですか。二《ふた》つ書《か》きましょう。
(習《なら》っていない漢字《かんじ》は、ひらがなで書《か》きましょう。)

〔せりふ〕〔しぐさ〕

(2) せりふは、どんな特徴《とくちょう》がありますか。

〔昔の言葉 のままで、独特の調子 がある。〕

(3) 狂言《きょうげん》の工夫《くふう》にあてはまるものを二《ふた》つ選《えら》んで、○をつけましょう。

(○) 観客《かんきゃく》に自己《じこ》しょうかいをする。
( ) 物音《ものおと》を楽器《がっき》で表《あらわ》す。
(○) 物音《ものおと》を言葉《ことば》で表《あらわ》す。

2

(1) 狂言《きょうげん》に登場《とうじょう》するさまざまな人物《じんぶつ》は、それぞれどんなことを引《ひ》き起《お》こしますか。文中《ぶんちゅう》の言葉《ことば》を二《ふた》つ書《か》き出《だ》しましょう。

〔失敗〕〔まちがい〕

(2) 登場人物《とうじょうじんぶつ》が引《ひ》き起《お》こすことは、狂言《きょうげん》ではどのように演《えん》じられますか。

〔楽しくゆ快に 演《えん》じられる。〕

25頁

狂言《きょうげん》　柿山伏《かきやまぶし》　(2)

名前

● 教科書《きょうかしょ》の「狂言《きょうげん》　柿山伏《かきやまぶし》」の全文《ぜんぶん》を読《よ》んだ後《あと》、次《つぎ》の文章《ぶんしょう》を二回読《にかいよ》んで、答《こた》えましょう。

1

柿主《かきぬし》　やい、やい、やい、やい、やい。
山伏《やまぶし》　そりゃ、見《み》つけられたそうな。かくれずは　なるまい。
(と、顔《かお》をかくす。)
柿主《かきぬし》　さればこそ、顔《かお》をかくいた(かくした。)あの柿《かき》の木《き》のかげへかくれたを、ようよう(よくよく)見《み》れば、人《ひと》ではないと見《み》えた。
山伏《やまぶし》　㋐まず落《お》ち着《つ》いた。人《ひと》ではないと申《もう》す。

※落《お》ち着《つ》いた…安心《あんしん》した。

2

柿主《かきぬし》　あれは　からすじゃ。
山伏《やまぶし》　やあ、からすじゃと申《もう》す。
柿主《かきぬし》　からすならば鳴《な》くものじゃが、おのれは鳴《な》かぬか。
山伏《やまぶし》　これは鳴《な》かずは　なるまい。
柿主《かきぬし》　おのれ、鳴《な》かずは人《ひと》であろう。その弓矢《ゆみや》をおこせ、(よこせ)一矢《ひとや》に射殺《いころ》いてやろう。
山伏《やまぶし》　こかあ、こかあ、こかあ、こかあ。
柿主《かきぬし》　(笑《わら》って)さればこそ、鳴《な》いたり鳴《な》いたり。

(令和二年度版　光村図書　国語六　創造「狂言　柿山伏」による)

1

(習《なら》っていない漢字《かんじ》は、ひらがなで書《か》きましょう。)

(1) この狂言《きょうげん》に登場《とうじょう》する二人《ふたり》の人物《じんぶつ》を書《か》きましょう。

〔かき主〕〔山ぶし〕

(2) 山伏《やまぶし》は、どこにかくれましたか。

〔かきの木 のかげ。〕

(3) ㋐まず落《お》ち着《つ》いた(安心《あんしん》した)。とありますが、山伏《やまぶし》が安心《あんしん》したのは、なぜですか。○をつけましょう。

( ) 柿主《かきぬし》が、何《なに》も見《み》てなかったから。
(○) 柿主《かきぬし》が、かくれたのは人《ひと》ではないと言《い》ったから。

2

山伏《やまぶし》が鳴《な》きまねをした動物《どうぶつ》について答《こた》えましょう。

① 何《なん》の動物《どうぶつ》の鳴《な》きまねをしましたか。

〔からす〕

② 何《なん》といって鳴《な》きまねをしましたか。文中《ぶんちゅう》より書《か》き出《だ》しましょう。

〔こかあ、こかあ、こかあ、こかあ。〕

26頁

「柿山伏《かきやまぶし》」について　(1)

名前

● 次《つぎ》の文章《ぶんしょう》を二回読《にかいよ》んで、答《こた》えましょう。

狂言《きょうげん》は日本《にほん》の古典芸能《こてんげいのう》です。

㋐古典《こてん》とは、人々《ひとびと》の大切《たいせつ》な心《こころ》の財産《ざいさん》として、長《なが》い間《あいだ》受《う》けつがれてきたものです。

そして、それは私《わたし》たちに、人間《にんげん》とは何《なに》かを教《おし》え、生《い》き方《かた》について考《かんが》えるヒントをあたえてくれるお手本《てほん》のようなものです。

※財産《ざいさん》…値打《ねう》ちのあるもの。価値《かち》のあるもの。

(令和二年度版　光村図書　国語六　創造　山本《やまもと》　東次郎《とうじろう》)

(1) 狂言《きょうげん》は、日本《にほん》のどんなものですか。文中《ぶんちゅう》の四文字《よんもじ》の言葉《ことば》で書《か》きましょう。

日本《にほん》の〔古典芸能〕

(2) 筆者《ひっしゃ》は、㋐古典《こてん》とは、どういうものだと述《の》べていますか。二《ふた》つ書《か》きましょう。

〔人々《ひとびと》の大切《たいせつ》な 心の財産 として、長い間受けつがれてきた もの。〕

〔私《わたし》たちに、人間とは何か を教《おし》え、生き方 について考《かんが》えるヒントをあたえてくれる お手本 のようなもの。〕

※「日本《にほん》」は「にっぽん」とも読《よ》みます。

27頁

「柿山伏《かきやまぶし》」について　(2)

名前

● 次《つぎ》の文章《ぶんしょう》を二回読《にかいよ》んで、答《こた》えましょう。

1

狂言《きょうげん》の「柿山伏《かきやまぶし》」は、空腹《くうふく》のあまり、他人《たにん》の柿《かき》の木《き》に登《のぼ》って、勝手《かって》に柿《かき》を食《た》べてしまった山伏《やまぶし》が、その持《も》ち主《ぬし》にこらしめられるお話《はなし》です。

※空腹《くうふく》…おなかがすいていること。

2

山伏《やまぶし》は厳《きび》しい修行《しゅぎょう》を積《つ》みましたが、生《い》きている以上《いじょう》、やはりおなかもすきます。多《おお》くの力《ちから》や術《じゅつ》を㋐身《み》につけたといばっていますが、手品《てじな》のように食《た》べ物《もの》を出《だ》すことはできません。山伏《やまぶし》もふつうの人間《にんげん》と変《か》わりないのです。

※修行《しゅぎょう》…特別《とくべつ》な力《ちから》や術《じゅつ》を手《て》に入《い》れようと、努力《どりょく》を積《つ》み重《かさ》ねること。

(令和二年度版　光村図書　国語六　創造　山本《やまもと》　東次郎《とうじろう》)

1

狂言《きょうげん》の「柿山伏《かきやまぶし》」は、どんなお話《はなし》ですか。
(習《なら》っていない漢字《かんじ》は、ひらがなで書《か》きましょう。)

〔おなかがすいた 山ぶし が、他人《たにん》の柿《かき》の木《き》に登《のぼ》って、勝手《かって》に柿《かき》を 食べて しまい、その持《も》ち主《ぬし》に こらしめられる お話《はなし》。〕

2

(1) ㋐身《み》につけたについて答《こた》えましょう。

① 「身《み》につける」とは、どんな意味《いみ》ですか。○をつけましょう。

( ) 全身《ぜんしん》をきれいに着《き》かざる。
(○) 練習《れんしゅう》や訓練《くんれん》で、技術《ぎじゅつ》を自分《じぶん》のものにする。

② 山伏《やまぶし》は、何《なに》を身《み》につけたといばっていますか。

〔多くの力や術〕

(2) 山伏《やまぶし》が、ふつうの人間《にんげん》と同《おな》じなのは、何《なに》ができないところですか。

〔手品《てじな》のように 食べ物を出すこと ができないところ。〕

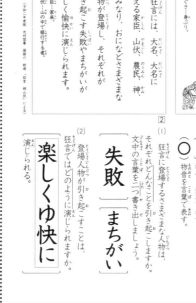

28頁

「柿山伏《かきやまぶし》」について (3)

名前

● 次《つぎ》の文章《ぶんしょう》を二回読《にかいよ》んで、答《こた》えましょう。

1

狂言《きょうげん》は、特別《とくべつ》な人《ひと》の身《み》の上《うえ》に起《お》こった特殊《とくしゅ》な事件《じけん》ではなく、だれの身《み》にも起《お》こり、だれもが経験《けいけん》しそうな出来事《できごと》をえがいています。見《み》る人々《ひとびと》がそれぞれ、自分《じぶん》のこととして考《かんが》えるとよいのです。

※特殊《とくしゅ》…ふつうとはちがっていること。めずらしいこと。

2

柿《かき》の持《も》ち主《ぬし》にからかわれた山伏《やまぶし》は、木《き》の上《うえ》で、言《い》われるままに、必死《ひっし》になって からす・さる・とびのまねをします。

それは、だれもが、そうした立場《たちば》になれば自分《じぶん》の罪《つみ》をおおいかくそうとする姿《すがた》を、㋐こんな形《かたち》で表《あらわ》しているのです。

※おおいかくす…かくすこと。

（令和二年度版　光村図書　国語六　創造　山本《やまもと》東次郎《とうじろう》）

1

(1) 狂言《きょうげん》は、どんな出来事《できごと》をえがいていますか。文中《ぶんちゅう》の言葉《ことば》で書《か》きましょう。

【だれの身にも起こり、だれもが経験しそうな】出来事《できごと》。

(2) 見《み》る人々《ひとびと》は、狂言《きょうげん》でえがかれる出来事《できごと》を、それぞれ、どう考《かんが》えるとよいと筆者《ひっしゃ》は述《の》べていますか。

【自分のこと】として考《かんが》える。

2

㋐こんな形《かたち》とは、だれが、どこで、何《なに》をしたことを指《さ》していますか。（習《なら》っていない漢字《かんじ》は、ひらがなで書《か》きましょう。）

・だれ（が）【山ぶし】が

・どこ（で）【木の上】で

・何《なに》をした

【持《も》ち主《ぬし》に言《い》われるままに、必死《ひっし》になって からす・さる・とびのまね をしたこと。】

28

29頁

大切《たいせつ》にしたい言葉《ことば》 (1)

名前

教科書《きょうかしょ》の「大切《たいせつ》にしたい言葉《ことば》」を読《よ》んで、答《こた》えましょう。

(1) 次《つぎ》の文章《ぶんしょう》は、「座右《ざゆう》の銘《めい》」について説明《せつめい》したものです。（　）にあてはまる言葉《ことば》を□から選《えら》んで書《か》きましょう。

座右《ざゆう》の銘《めい》とは、いつも（身近）において、自分《じぶん》をはげましたり、自分《じぶん》の（目標）としたりする言葉《ことば》のことである。だれかに言《い》ってもらったり、新聞《しんぶん》や（本）を読《よ》む中《なか》で見《み》つけたりするとよい。

本《ほん》・目標《もくひょう》・身近《みぢか》

(2) 「座右《ざゆう》の銘《めい》」にしたい言葉《ことば》を一《ひと》つ選《えら》んで、それについて経験《けいけん》と結《むす》び付《つ》けて文章《ぶんしょう》を書《か》きます。次《つぎ》の文《ぶん》は、その構成《こうせい》メモです。文章《ぶんしょう》を読《よ》んで、問題《もんだい》に答《こた》えましょう。

八百字程度《はっぴゃくじていど》（原稿用紙二枚程度《げんこうようしにまいていど》）

初《はじ》め　・選《えら》んだ座右《ざゆう》の銘《めい》。

中《なか》　・座右《ざゆう》の銘《めい》についての（㋐）。
・座右《ざゆう》の銘《めい》に結《むす》び付《つ》く（㋑）。

終《お》わり　・今後《こんご》、座右《ざゆう》の銘《めい》を大切《たいせつ》にしながら、どのように生活《せいかつ》していくか。

（令和二年度版　光村図書　国語六　創造「大切にしたい言葉」による）

① どのくらいの字数《じすう》で書《か》く決《き》まりになっていますか。

【八百字】程度《ていど》。

② ㋐、㋑にあてはまる言葉《ことば》を□から選《えら》んで書《か》きましょう。

㋐【説明】　㋑【経験】

経験《けいけん》・説明《せつめい》

29

30頁

大切《たいせつ》にしたい言葉《ことば》 (2)

名前

教科書《きょうかしょ》の「大切《たいせつ》にしたい言葉《ことば》」を読《よ》んで、答《こた》えましょう。

(1) 一度《いちど》書《か》いた文章《ぶんしょう》をよりよくするために、どのような点《てん》に注意《ちゅうい》して推敲《すいこう》すればよいでしょう。（　）にあてはまる言葉《ことば》を□から選《えら》んで書《か》きましょう。

① 読《よ》みにくいところや、（分かりにくい）ところはないか。

② くわしく書《か》くとよいところと、（簡単に）書《か》くとよいところはどこか。

③ 考《かんが》えたことや（感じた）ことにぴったりの言葉《ことば》かどうか。

簡単《かんたん》に・感《かん》じた・分《わ》かりにくい

(2) 次《つぎ》の文章《ぶんしょう》は、「座右《ざゆう》の銘《めい》」について書《か》いた下書《したが》きの文章《ぶんしょう》の一部分《いちぶぶん》です。文章《ぶんしょう》を読《よ》んで、問題《もんだい》に答《こた》えましょう。

私《わたし》が座右《ざゆう》の銘《めい》にしたい言葉《ことば》は、「日々《ひび》の積《つ》み重《かさ》ねが自信《じしん》をつくる」だ。㋐これは、二〇二〇年十月《にせんにじゅうねんじゅうがつ》二十四日《にじゅうよっか》のひかり新聞《しんぶん》でのインタビュー記事《きじ》の中《なか》で私《わたし》が読《よ》んだ、体操選手《たいそうせんしゅ》の川野歩実《かわのあゆみ》さんの言葉《ことば》だ。

（令和二年度版　光村図書　国語六　創造「大切にしたい言葉」による）

① この文章《ぶんしょう》の作者《さくしゃ》が座右《ざゆう》の銘《めい》にしたい言葉《ことば》は、何《なん》ですか。

【日々の積み重ねが自信をつくる】

② ㋐これは、二〇二〇年《にせんにじゅうねん》…の言葉《ことば》だ。の一文《いちぶん》について、どのように直《なお》すと読《よ》みやすくなると考《かんが》えられますか。○をつけましょう。

（○）一文《いちぶん》としては長《なが》すぎるので、二《ふた》つの文《ぶん》に分《わ》ける。

（　）説明《せつめい》の言葉《ことば》をもっと付《つ》け足《た》す。

30

31頁

季節《きせつ》の言葉《ことば》4 冬《ふゆ》のおとずれ (1)

名前

教科書《きょうかしょ》の「季節《きせつ》の言葉《ことば》4　冬《ふゆ》のおとずれ」を読《よ》んで、答《こた》えましょう。

● 次《つぎ》の説明《せつめい》にあてはまる二十四節気《にじゅうしせっき》の言葉《ことば》を□から選《えら》んで□に書《か》きましょう。また、その読《よ》みがなを（　）に書《か》きましょう。

① こよみのうえで、冬《ふゆ》が始《はじ》まる日《ひ》。（十一月七日《じゅういちがつなのか》ごろ）
【立冬】（読《よ》みがな）（りっとう）

② 寒《さむ》さはまだ深《ふか》まっておらず、雪《ゆき》もそれほど多《おお》くはないころ。（十一月二十二日《じゅういちがつにじゅうににち》ごろ）
【小雪】（しょうせつ）

③ 寒気《かんき》が増《ま》し、雪《ゆき》も激《はげ》しくなってくるころ。（十二月七日《じゅうにがつなのか》ごろ）
【大雪】（たいせつ）

④ 一年《いちねん》の中《なか》で、昼《ひる》の時間《じかん》が最《もっと》も短《みじか》く、夜《よる》が最《もっと》も長《なが》い日《ひ》。（十二月二十二日《じゅうにがつにじゅうににち》ごろ）
【冬至】（とうじ）

⑤ 寒《かん》（この日《ひ》から立春《りっしゅん》になるまでの期間《きかん》）に入《はい》る日《ひ》。（一月五日《いちがついつか》ごろ）
【小寒】（しょうかん）

⑥ 一年《いちねん》の中《なか》で最《もっと》も寒《さむ》い時期《じき》。（一月二十日《いちがつはつか》ごろ）
【大寒】（だいかん）

小雪《しょうせつ》・小寒《しょうかん》・立冬《りっとう》
大雪《たいせつ》・大寒《だいかん》・冬至《とうじ》

31

解答例

本書の解答は，あくまでもひとつの例です。児童に取り組ませる前に，必ず指導される方が問題を解いてください。指導される方の作られた解答をもとに，児童の多様な考えに寄り添って○つけをお願いします。

32 頁

季節《きせつ》の言葉《ことば》4
冬《ふゆ》のおとずれ (2)

名前

● 次《つぎ》の短歌《たんか》や俳句《はいく》を二回《にかい》ずつ音読《おんどく》して、答《こた》えましょう。

1

あたらしく／冬《ふゆ》きたりけり／鞭《むち》のごと／
幹《みき》ひびき合《あ》ひ（い）／竹群《たかむら》はあり

宮《みや》　柊二《しゅうじ》

※竹群《たかむら》…竹《たけ》やぶ。竹《たけ》の林《はやし》。

2

寒《かん》に入《い》る／夜《よる》や星空《ほしぞら》／きらびやか

長谷川《はせがわ》　素逝《そせい》

（令和二年度版　光村図書　国語六　創造「季節の言葉4　冬のおとずれ」による）

1

(1) 五《ご》・七《しち》・五《ご》・七《しち》・七《しち》のリズムで読《よ》めるように、上《うえ》の短歌《たんか》を／線《せん》で区切《くぎ》りましょう。

(2) 作者《さくしゃ》はどんな様子《ようす》に冬《ふゆ》を感《かん》じていますか。短歌《たんか》の中《なか》から（　）にあてはまる言葉《ことば》を書《か》き出《だ》しましょう。（習《なら》っていない漢字《かんじ》は、ひらがなで書《か》きましょう。）

冬《ふゆ》の風《かぜ》がふき、竹《たけ》やぶの竹《たけ》がまるで（**むち**）のように曲《ま》がって、（**幹**）を打《う》ち鳴《な》らして音《おと》をひびき合《あ》わせている様子《ようす》。

2

(1) 五《ご》・七《しち》・五《ご》のリズムで読《よ》めるように、上《うえ》の俳句《はいく》を／線《せん》で区切《くぎ》りましょう。

(2) 冬《ふゆ》を表《あらわ》す季語《きご》を見《み》つけて、俳句《はいく》の中《なか》の四文字《よんもじ》の言葉《ことば》で書《か》きましょう。

寒に入る

(3) 作者《さくしゃ》は、寒《かん》に入《い》る日《ひ》の夜《よる》の、何《なに》を見《み》てきらびやかだといっていますか。俳句《はいく》の中《なか》の言葉《ことば》で答《こた》えましょう。

［**星空**］

33 頁

詩《し》を朗読《ろうどく》してしょうかいしよう (1)
〈ぽくぽく〉

名前

● 次《つぎ》の詩《し》を二回音読《にかいおんどく》して、答《こた》えましょう。

〈ぽくぽく〉

八木《やぎ》　重吉《じゅうきち》

ぽくぽく
ぽくぽく
まりを　ついていると
にがい　にがい　いままでのことが
ぽくぽく
ぽくぽく
むすびめが　ほぐされて
花《はな》がさいたようにみえてくる

※まり…ボールのこと。
※ほぐす…もつれた結《むす》び目《め》をほどく。
かたまっていたものをやわらかくする。

（令和二年度版　光村図書　国語六　創造　八木　重吉）

(1) この詩《し》の中《なか》でくり返《かえ》し出《で》てくる言葉《ことば》を四文字《よんもじ》で書《か》きましょう。

ぽくぽく

(2) 「ぽくぽく」とは、何《なん》の音《おと》ですか。

（例）［**まりをつく**］音《おと》。

(3) にがい　にがい　いままでのこととは、どんなことを表《あらわ》していると考《かんが》えられますか。○をつけましょう。

（　）楽《たの》しかった思《おも》い出《で》。
（○）過去《かこ》のつらかったこと。

(4) 「ぽくぽく」とまりをついていると、にがい　にがい　いままでのことのむすびめがほぐされて、どのようにみえてくるといっていますか。詩《し》の中《なか》の一行《いちぎょう》を書《か》き出《だ》しましょう。

［**花がさいたようにみえてくる**］

34 頁

詩《し》を朗読《ろうどく》してしょうかいしよう (2)
動物《どうぶつ》たちの恐《おそ》ろしい夢《ゆめ》のなかに

名前

● 次《つぎ》の詩《し》を二回音読《にかいおんどく》して、答《こた》えましょう。

動物《どうぶつ》たちの恐《おそ》ろしい夢《ゆめ》のなかに

川崎《かわさき》　洋《ひろし》

犬《いぬ》も
馬《うま》も
夢《ゆめ》をみるらしい

動物《どうぶつ》たちの
恐《おそ》ろしい夢《ゆめ》のなかに
人間《にんげん》がいませんように

（令和二年度版　光村図書　国語六　創造　川崎　洋）

(1) 何連《なんれん》で書《か》かれた詩《し》ですか。

二 連《れん》。

(2) どの動物《どうぶつ》が夢《ゆめ》をみるらしいといっていますか。二《ふた》つ書《か》きましょう。

［**犬**］［**馬**］

(3) 犬《いぬ》と馬《うま》だけが夢《ゆめ》をみるらしいと、作者《さくしゃ》は考《かんが》えていますか。○をつけましょう。

（　）はい。
（○）いいえ。他《ほか》にも夢《ゆめ》をみる動物《どうぶつ》たちがいると考《かんが》えている。

(4) 動物《どうぶつ》たちがみる夢《ゆめ》についての、作者《さくしゃ》の願《ねが》いが書《か》かれているところを詩《し》の中《なか》から書《か》き出《だ》しましょう。（習《なら》っていない漢字《かんじ》は、ひらがなで書《か》きましょう。）

［**動物たちのおそろしい夢のなかに人間がいませんように**］

35 頁

詩《し》を朗読《ろうどく》してしょうかいしよう (3)
うぐいす

名前

● 次《つぎ》の詩《し》を二回音読《にかいおんどく》して、答《こた》えましょう。

うぐいす

武鹿《ぶしか》　悦子《えつこ》

うぐいすの　こえ
すきとおる
はるのつめたさ
におわせて

うぐいすの　こえ
すきとおる
うちゅうが　一《いっ》しゅん
しん、とする

※すきとおる…声《こえ》がすんでいて、よく聞《き》こえること。

（令和二年度版　光村図書　国語六　創造　武鹿　悦子）

(1) 何連《なんれん》で書《か》かれた詩《し》ですか。

二 連《れん》。

(2) 詩《し》の中《なか》でくり返《かえ》し書《か》かれている二行《にぎょう》を書《か》き出《だ》しましょう。

［**うぐいすの　こえ　すきとおる**］

(3) この詩《し》でえがかれている季節《きせつ》は、いつだと考《かんが》えられますか。一《ひと》つに○をつけましょう。

（○）早春《そうしゅん》。
（　）春《はる》の終《お》わりごろ。
（　）初夏《しょか》。

(4) まわりがとても静《しず》かなようすが分《わ》かる表現《ひょうげん》を、詩《し》の中《なか》から二行《にぎょう》で書《か》き出《だ》しましょう。

［**うちゅうが　一しゅん　しん、とする**］

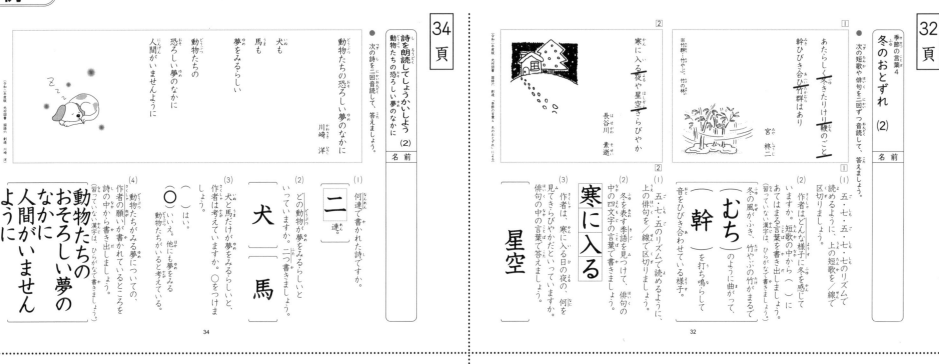

36頁

仮名《かな》の由来《ゆらい》

名前

教科書《きょうかしょ》の「仮名《かな》の由来《ゆらい》」を読《よ》んで、答《こた》えましょう。

(1) 次《つぎ》の説明《せつめい》に合《あ》う文字《もじ》の名前《なまえ》を［　］から選《えら》んで書《か》きましょう。

① 仮名《かな》がない時代《じだい》に、「波留《ハル》（春《はる》）」「奈都《ナツ》（夏《なつ》）」のように、日本語《にほんご》の発音《はつおん》を表《あらわ》すために、漢字《かんじ》の音《おと》を借《か》りて表《あらわ》したもの。

［万葉仮名］

② 平安時代《へいあんじだい》に、万葉仮名《まんようがな》をくずして書《か》くところから生《う》まれたもの。

［平仮名］

③ 平安時代《へいあんじだい》に、万葉仮名《まんようがな》の形《かたち》の一部《いちぶ》を取《と》って書《か》くところから生《う》まれたもの。

［片仮名］

片仮名《かたかな》・平仮名《ひらがな》・万葉仮名《まんようがな》

(2) 次《つぎ》の漢字《かんじ》からできた平仮名《ひらがな》を［　］から選《えら》んで□に書《か》きましょう。

① 安 ―「あ」― ［あ］

② 以 ―「い」― ［い］

③ 奈 ―「な」― ［な］

な・い・あ

(3) 次《つぎ》の漢字《かんじ》からできた片仮名《かたかな》を［　］から選《えら》んで□に書《か》きましょう。

① 阿 ― ［ア］

② 伊 ― ［イ］

③ 保 ― ［ホ］

イ・ホ・ア

37頁

メディアと人間社会《にんげんしゃかい》 (1)

名前

● 教科書《きょうかしょ》の「メディアと人間社会《にんげんしゃかい》」の全文《ぜんぶん》を読《よ》んだ後《あと》、次《つぎ》の文章《ぶんしょう》を二回読《にかいよ》んで、答《こた》えましょう。

1

やがて、電波《でんぱ》を使《つか》って映像《えいぞう》を送《おく》るテレビ放送《ほうそう》が始《はじ》まります。テレビは、ラジオとはちがい、いちいち言葉《ことば》や効果音《こうかおん》で説明《せつめい》しなくても、映《うつ》された場所《ばしょ》の様子《ようす》、人物《じんぶつ》の服装《ふくそう》や顔立《かおだ》ちなどが瞬時《しゅんじ》に理解《りかい》されます。また、遠《とお》くはなれた世界《せかい》の映像《えいぞう》も同時《どうじ》に中継《ちゅうけい》することができます。

※いちいち…一《ひと》つ一《ひと》つ。
※瞬時《しゅんじ》に…あっという間《ま》に。すぐに。
※中継《ちゅうけい》…現場《げんば》の様子《ようす》を放送局《ほうそうきょく》が中《なか》つぎして放送《ほうそう》すること。

2

テレビは、情報《じょうほう》をありありと伝《つた》えたい、理解《りかい》したいという人々《ひとびと》の思《おも》いに応《こた》えるものだったのです。人々《ひとびと》は、テレビから伝《つた》えられる内容《ないよう》の豊富《ほうふ》さに圧倒《あっとう》され、ラジオ以上《いじょう》に、㋐放送《ほうそう》されたものが動《うご》きようのない事実《じじつ》だと受《う》け取《と》られるようになりました。社会《しゃかい》に対《たい》するえいきょう力《りょく》も、さらに大《おお》きなものになったのです。

※ありありと…はっきりと。
※豊富《ほうふ》さ…たくさんあること。
※動《うご》きようのない…変《か》わらない。

（令和二年度版　光村図書　国語六　創造　池上《いけがみ》　彰《あきら》）

1

(1) ここで説明《せつめい》されているのは、何《なん》というメディアですか。

［テレビ］

(2) テレビがラジオとちがうところは、どんなところですか。二《ふた》つに○をつけましょう。

（　）言葉《ことば》の説明《せつめい》が必《かなら》ずいるところ。

（○）映《うつ》された場所《ばしょ》や人物《じんぶつ》の様子《ようす》が、説明《せつめい》がなくてもすぐに分《わ》かるところ。

（○）遠《とお》い場所《ばしょ》の映像《えいぞう》をそのまま見《み》せること。

2

(1) テレビ放送《ほうそう》は、人々《ひとびと》のどのような思《おも》いに応《こた》えるものですか。

［情報《じょうほう》をありありと［伝え］たい、［理解］したいという人々《ひとびと》の思《おも》い。］

(2) ㋐テレビで放送《ほうそう》されたものは、人々《ひとびと》に何《なん》だと受《う》け取《と》られるようになりましたか。

［動きようのない事実］

38頁

メディアと人間社会《にんげんしゃかい》 (2)

名前

● 次《つぎ》の文章《ぶんしょう》を二回読《にかいよ》んで、答《こた》えましょう。

1

そして、二十世紀《にじっせいき》の終《お》わりが近《ちか》づくと、インターネットが発明《はつめい》されます。かつては、情報《じょうほう》を広《ひろ》く発信《はっしん》したいと思《おも》っても、それができるのは限《かぎ》られた人《ひと》だけでした。㋐インターネットの登場《とうじょう》で、ごくふつうの人々《ひとびと》が手軽《てがる》に情報《じょうほう》を発信《はっしん》できるようになり、これまで報《ほう》じられなかったような、社会《しゃかい》や個人《こじん》に関《かか》わる情報《じょうほう》が伝《つた》えられるようになったのです。

※報《ほう》じる…知《し》らせる。

2

しかし、手軽《てがる》であるということは、誤《あやま》った内容《ないよう》も簡単《かんたん》に広《ひろ》まるということでもあります。また、わざとうその情報《じょうほう》をまぎれこませることも容易《ようい》になりました。現在《げんざい》では、こうした情報《じょうほう》で㋑社会《しゃかい》が混乱《こんらん》することも起《お》こっています。

※誤《あやま》った…まちがった。
※容易《ようい》に…簡単《かんたん》に。

（令和二年度版　光村図書　国語六　創造　池上《いけがみ》　彰《あきら》）

1

(1) 二十世紀《にじっせいき》の終《お》わりごろに発明《はつめい》されたメディアは、何《なん》ですか。

［インターネット］

(2) ㋐インターネットの登場《とうじょう》で、できるようになったよいことを二《ふた》つ書《か》きましょう。

［ごくふつうの人々《ひとびと》が、［手軽］に情報《じょうほう》を［発信］できること。］

［これまで報《ほう》じられなかったような、［社会］や［個人］に関《かか》わる情報《じょうほう》が［伝えられる］こと。］

2

㋑社会《しゃかい》が混乱《こんらん》することが起《お》こるのは、簡単《かんたん》に広《ひろ》まるインターネットにどんな短所《たんしょ》があるからですか。文中《ぶんちゅう》の言葉《ことば》で、二《ふた》つ書《か》きましょう。

［［誤った］内容《ないよう》も簡単《かんたん》に広《ひろ》まるということ。］

［わざと［うその情報］を［まぎれこませる］ことが容易《ようい》にできるということ。］

39頁

メディアと人間社会《にんげんしゃかい》 (3)

名前

● 次《つぎ》の文章《ぶんしょう》を二回読《にかいよ》んで、答《こた》えましょう。

1

メディアは、「思《おも》いや考《かんが》えを伝《つた》え合《あ》いたい。」「社会《しゃかい》がどうなっているのかを知《し》りたい。」という人間《にんげん》の欲求《よっきゅう》と関《かか》わりながら進化《しんか》してきました。その結果《けっか》、今《いま》、私《わたし》たちは、大量《たいりょう》の情報《じょうほう》に囲《かこ》まれる社会《しゃかい》に生《い》きています。今後《こんご》も新《あたら》しいメディアが生《う》まれ、社会《しゃかい》に対《たい》してえいきょう力《りょく》をもつでしょう。

※欲求《よっきゅう》…何《なに》かをほしがり、求《もと》める気持《きも》ち。

2

しかし、どんなメディアが登場《とうじょう》しても重要《じゅうよう》なのは、私《わたし》たち人間《にんげん》がどんな欲求《よっきゅう》をもっているか、そして、その結果《けっか》メディアにどんなことを求《もと》めているのかを意識《いしき》し、メディアと付《つ》き合《あ》っていくことなのではないでしょうか。

（令和二年度版　光村図書　国語六　創造　池上《いけがみ》　彰《あきら》）

1

(1) メディアは、どのような人間《にんげん》の欲求《よっきゅう》と関《かか》わりながら進化《しんか》してきましたか。文中《ぶんちゅう》から二《ふた》つ書《か》き出《だ》しましょう。

［思いや考えを伝え合いたい。］

［社会がどうなっているのかを知りたい。］

(2) メディアの進化《しんか》の結果《けっか》、今《いま》、私《わたし》たちは、どんな社会《しゃかい》に生《い》きていますか。

［［大量の情報］に囲《かこ》まれる社会《しゃかい》。］

2

今後《こんご》、新《あたら》しいメディアが登場《とうじょう》するときに重要《じゅうよう》なのは、どんなことを意識《いしき》してメディアと付《つ》き合《あ》っていくことだと筆者《ひっしゃ》は述《の》べていますか。

［私《わたし》たち人間《にんげん》が［どんな欲求をもっているか］、そして、その結果《けっか》メディアに［どんなことを求めているのか］を意識《いしき》し、メディアと付《つ》き合《あ》っていくこと。］

本書の解答は，あくまでもひとつの例です。児童に取り組ませる前に，必ず指導される方が問題を解いてください。指導される方の作られた解答をもとに，児童の多様な考えに寄り添って○つけをお願いします。

40頁

大切《たいせつ》な人《ひと》と深《ふか》くつながるために　(1)

名前

● 教科書《きょうかしょ》の「大切《たいせつ》な人《ひと》と深《ふか》くつながるために」の全文《ぜんぶん》を読《よ》んだ後《あと》、次《つぎ》の文章《ぶんしょう》を二回《にかい》読《よ》んで、答《こた》えましょう。

1

では、コミュニケーションが得意《とくい》になるためには、どうしたらいいのでしょう。コミュニケーションは、おたがいがうまく折《お》り合《あ》いをつけるための技術《ぎじゅつ》です。スポーツの場合《ばあい》、テクニックをみがく方法《ほうほう》を知《し》っていますか。そう、何回《なんかい》も何回《なんかい》も練習《れんしゅう》しますね。㋐コミュニケーションも同《おな》じです。

※コミュニケーション…おたがいの気持《きも》ちや考《かんが》えを伝《つた》え合《あ》うこと。
※折《お》り合《あ》い…たがいにゆずり合《あ》って、いい関係《かんけい》をもつこと。
※テクニック…わざ。技術《ぎじゅつ》。

2

相手《あいて》とぶつかり、むっとしたり、苦手《にがて》だなあと思《おも》ったりしても、㋑いろんな相手《あいて》といろんな場所《ばしょ》で何度《なんど》もコミュニケーションしていくうちに、話《はな》し方《かた》や断《ことわ》り方《かた》、アドバイスのしかた、要求《ようきゅう》のしかたが得意《とくい》になっていくのです。

※要求《ようきゅう》…こうしてほしいと強《つよ》く求《もと》めること。

（令和二年度版　光村図書　国語六　創造　鴻上《こうかみ》　尚史《しょうじ》）

1

(1) コミュニケーションは、何《なに》をするための技術《ぎじゅつ》だと筆者《ひっしゃ》は述《の》べていますか。

〔 おたがいがうまく折り合いをつける ための技術《ぎじゅつ》。〕

(2) ㋐コミュニケーションも同《おな》じとありますが、スポーツとコミュニケーションに共通《きょうつう》する、テクニックをみがく方法《ほうほう》は、どんなところが同《おな》じですか。文中《ぶんちゅう》の言葉《ことば》で書《か》きましょう。

〔 何回も何回も 練習 するところ。〕

2

㋑いろんな相手《あいて》といろんな場所《ばしょ》で何度《なんど》もコミュニケーションするうちに、得意《とくい》になっていくことは、何《なん》ですか。文中《ぶんちゅう》から四《よっ》つ書《か》き出《だ》しましょう。

〔 話し方 〕〔 断り方 〕〔 アドバイスのしかた 〕〔 要求のしかた 〕

41頁

大切《たいせつ》な人《ひと》と深《ふか》くつながるために　(2)

名前

● 次《つぎ》の文章《ぶんしょう》を二回《にかい》読《よ》んで、答《こた》えましょう。

1

昔《むかし》は、話《はな》し相手《あいて》や遊《あそ》び相手《あいて》は人間《にんげん》しかいませんでしたから、ぶつかり、きそい、交渉《こうしょう》する中《なか》で、コミュニケーションの技術《ぎじゅつ》はみがかれました。

※交渉《こうしょう》…何《なに》かを決《き》めようとして、相手《あいて》と話《はな》し合《あ》うこと。
※みがく…努力《どりょく》して、よりよいものにする。

2

でも、最近《さいきん》はインターネットが発達《はったつ》して、人《ひと》は人《ひと》と直接《ちょくせつ》話《はな》さなくても、時間《じかん》が過《す》ごせるようになりました。大人《おとな》たちは、メールやゲームをしたり、ウェブサイトを見《み》たりする時間《じかん》が増《ふ》えて、どんどん人間《にんげん》との直接《ちょくせつ》のコミュニケーションが苦手《にがて》になっています。

（令和二年度版　光村図書　国語六　創造　鴻上《こうかみ》　尚史《しょうじ》）

1

(1) 昔《むかし》は、話《はな》し相手《あいて》や遊《あそ》び相手《あいて》といえば、だれしかいませんでしたか。

〔 人間 〕

(2) 昔《むかし》、ぶつかり、きそい、交渉《こうしょう》する中《なか》でみがかれたものは、何《なん》ですか。

〔 コミュニケーションの技術 〕

2

(1) 最近《さいきん》は、人《ひと》と人《ひと》が直接《ちょくせつ》話《はな》さなくても時間《じかん》が過《す》ごせるようになったのは、何《なに》が発達《はったつ》したからですか。

〔 インターネット 〕

(2) 最近《さいきん》の大人《おとな》たちは、何《なん》の時間《じかん》が増《ふ》えていますか。

〔 メール や ゲーム をしたり、ウェブサイト を見《み》たりする時間《じかん》。〕

(3) 最近《さいきん》の大人《おとな》たちがどんどん苦手《にがて》になっていることは、何《なん》ですか。

〔 人間との直接のコミュニケーション 〕

42頁

大切《たいせつ》な人《ひと》と深《ふか》くつながるために　(3)

名前

● 次《つぎ》の文章《ぶんしょう》を二回《にかい》読《よ》んで、答《こた》えましょう。

1

㋐あなたはどうですか。人《ひと》と会話《かいわ》する時間《じかん》は増《ふ》えていますか。減《へ》っていますか。本当《ほんとう》に自分《じぶん》の言《い》いたいことを言《い》い、本当《ほんとう》にしたいことをしようと思《おも》ったら、あなたは人《ひと》とぶつかります。㋑それが、あなたがあなたの人生《じんせい》を生《い》きるということです。そういうときは、悲《かな》しむのではなく、「コミュニケーションの練習《れんしゅう》をしている」と思《おも》ってください。

2

最初《さいしょ》は苦《くる》しいですが、だいじょうぶ。スポーツと同《おな》じで、やればやるだけまちがいなく上達《じょうたつ》します。そうして、あなたは大切《たいせつ》な人《ひと》と出会《であ》い、深《ふか》くつながっていくのです。

（令和二年度版　光村図書　国語六　創造　鴻上《こうかみ》　尚史《しょうじ》）

1

(1) ㋐あなたはどうですか。…減《へ》っていますか。という三《みっ》つの文章《ぶんしょう》は、どんな特徴《とくちょう》のある表現《ひょうげん》ですか。○をつけましょう。

(○) 読者《どくしゃ》を意識《いしき》し、問《と》いかけるような文体《ぶんたい》で書《か》かれている。

(　) 読者《どくしゃ》に分《わ》かりやすいよう、事例《じれい》を挙《あ》げて示《しめ》している。

(2) ㋑それとは、何《なに》を指《さ》していますか。

〔 本当に自分の言いたいこと を言《い》い、本当にしたいこと をしようと思《おも》って、人《ひと》と ぶつかる こと。〕

2

筆者《ひっしゃ》の考《かんが》えに合《あ》うものに○、合《あ》わないものに×をつけましょう。

(×) コミュニケーションの練習《れんしゅう》で、人《ひと》とぶつかるのは、いつでも楽《たの》しいものだ。

(×) コミュニケーションとは、最初《さいしょ》から最後《さいご》まで苦《くる》しいものだ。

(○) スポーツとコミュニケーションは、どちらもやればやるだけ上達《じょうたつ》する。

43頁

プログラミングで未来《みらい》を創《つく》る　(1)

名前

● 次《つぎ》の文章《ぶんしょう》を二回《にかい》読《よ》んで、答《こた》えましょう。

1

㋐みなさんが大人《おとな》になるころには、今《いま》ある多《おお》くの職業《しょくぎょう》はなくなっているかもしれません。コンピュータにとって代《か》わられてしまう仕事《しごと》があるからです。二〇四五年《にせんよんじゅうごねん》には、AI（人工知能《じんこうちのう》）が人間《にんげん》の能力《のうりょく》をこえるという説《せつ》もあります。

※AI（人工知能《じんこうちのう》）…コンピュータを使《つか》って、人間《にんげん》の知的《ちてき》な機能《きのう》の働《はたら》きを人工的《じんこうてき》に実現《じつげん》したもの。

2

機械《きかい》の登場《とうじょう》により、これまでにも多《おお》くの仕事《しごと》がなくなりました。自動車《じどうしゃ》の発明《はつめい》で馬車《ばしゃ》を引《ひ》く仕事《しごと》は失《うしな》われました。自動改札《じどうかいさつ》ができ、駅《えき》で切符《きっぷ》を切《き》る人《ひと》は減《へ》りました。今後《こんご》もその流《なが》れは変《か》わらず、仕事《しごと》によってはAIが担《にな》っていくかもしれません。

※担《にな》う…受《う》け持《も》つ。

（令和二年度版　光村図書　国語六　創造　石戸《いしど》　奈々子《ななこ》）

1

(1) ㋐みなさんが…今《いま》ある多《おお》くの職業《しょくぎょう》はなくなっているかもしれません。とありますが、それは、なぜですか。文中《ぶんちゅう》の言葉《ことば》で書《か》き出《だ》しましょう。

〔 コンピュータにとって代わられてしまう仕事があるから。〕

(2) 二〇四五年《にせんよんじゅうごねん》には、AI（人工知能《じんこうちのう》）が、何《なに》をこえるという説《せつ》がありますか。

〔 人間の能力 〕

2

(1) これまでにも多《おお》くの仕事《しごと》がなくなったのは、何《なに》が登場《とうじょう》したからですか。

〔 機械 〕

(2) 馬車《ばしゃ》を引《ひ》く仕事《しごと》は、何《なに》が発明《はつめい》されて失《うしな》われましたか。

〔 自動車 〕

(3) 駅《えき》で切符《きっぷ》を切《き》る人《ひと》が減《へ》ったのは、何《なに》ができたからですか。

〔 自動改札 〕

44頁

プログラミングで未来《みらい》を創《つく》る (2)

名前

● 次《つぎ》の文章《ぶんしょう》を二回《にかい》読《よ》んで、答《こた》えましょう。

1

これからは、あらゆる場面《ばめん》でコンピュータが使《つか》われるようになります。電車《でんしゃ》や信号機《しんごうき》など社会全体《しゃかいぜんたい》に関《かか》わるものだけでなく、台所《だいどころ》やふろなど家《いえ》の中《なか》のものも、コンピュータで動《うご》くようになるのです。

2

時《とき》には、それらがインターネットでつながり、AIによって自《みずか》ら学習《がくしゅう》し、判断《はんだん》していくようになるでしょう。そして、それらは全《すべ》て、コンピュータを動《うご》かす命令《めいれい》である「プログラム」によって動《うご》いているのです。

（令和二年度版　光村図書　国語六　創造　石戸《いしど》奈々子《ななこ》）

1

(1) これからは、あらゆる場面《ばめん》で何《なに》が使《つか》われるようになりますか。

コンピュータ

(2) これからは、どんなものがコンピュータで動《うご》くようになりますか。文中《ぶんちゅう》の言葉《ことば》で二《ふた》つ書《か》きましょう。

社会全体 に関《かか》わるもの。

家 の中《なか》のもの。

2

(1) コンピュータで動《うご》くようになったものは全《すべ》て、何《なに》によって動《うご》いていますか。文中《ぶんちゅう》の五文字《ごもじ》の言葉《ことば》で書《か》きましょう。

プログラム

(2) 「プログラム」とは、どんなものですか。

コンピュータを動《うご》かす **命令**。

45頁

漢字《かんじ》を正《ただ》しく使《つか》えるように (1)
（訓読《くんよ》みの場合《ばあい》）

名前

● 〈例《れい》〉にならって、次《つぎ》の文《ぶん》の意味《いみ》に合《あ》う漢字《かんじ》を□から選《えら》んで書《か》きましょう。

〈例《れい》〉

㋐ 机《つくえ》を窓《まど》のそばにうつす。 **移す**

㋑ カメラで美《うつく》しい景色《けしき》をうつす。 **写す**

写す　移す

㋐の「うつす」は、「移動《いどう》する」と言《い》いかえられるよ。
㋑の「うつす」は、「写真《しゃしん》にとる」という意味《いみ》だね。

①

㋐ 夜《よ》があける。 **明ける**

㋑ 部屋《へや》のドアをあける。 **開ける**

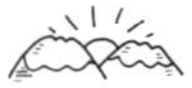

明ける　開ける

②

㋐ 失敗《しっぱい》を反省《はんせい》し、初心《しょしん》にかえる。 **返る**

㋑ 図書館《としょかん》を出《で》て家《いえ》にかえる。 **帰る**

帰る　返る

③

㋐ 大切《たいせつ》な本《ほん》がやぶれる。 **破れる**

㋑ 決勝戦《けっしょうせん》でおしくもやぶれる。 **敗れる**

敗れる　破れる

46頁

漢字《かんじ》を正《ただ》しく使《つか》えるように (2)
（訓読《くんよ》みの場合《ばあい》）

名前

● 次《つぎ》の文《ぶん》の意味《いみ》に合《あ》う漢字《かんじ》を□から選《えら》んで書《か》きましょう。

①

㋐ 夜中《よなか》に目《め》がさめる。 **覚める**

㋑ 温《あたた》かいお茶《ちゃ》がさめる。 **冷める**

冷める　覚める

②

㋐ 荷物《にもつ》の重《おも》さをはかる。 **量る**

㋑ 時間《じかん》をはかる。 **計る**

㋒ ひもの長《なが》さをはかる。 **測る**

測る　計る　量る

③

㋐ 問題《もんだい》の解決《かいけつ》につとめる。 **努める**

㋑ 銀行《ぎんこう》につとめる。 **勤める**

㋒ 劇《げき》の主役《しゅやく》をつとめる。 **務める**

勤める　努める　務める

問題《もんだい》③の ㋐は、「努力《どりょく》」、㋑は、「勤労《きんろう》」、㋒は、「任務《にんむ》」という意味《いみ》を表《あらわ》しているね。

47頁

漢字《かんじ》を正《ただ》しく使《つか》えるように (3)
（訓読《くんよ》みの場合《ばあい》）

名前

(1) 文《ぶん》の意味《いみ》に合《あ》うように、上《うえ》と下《した》を――線《せん》で結《むす》びましょう。

①
㋐ 国語辞典《こくごじてん》は
㋑ お茶《ちゃ》が
㋒ 今年《ことし》の夏《なつ》は

熱《あつ》い。
暑《あつ》い。
厚《あつ》い。

②
㋐ 座席《ざせき》を
㋑ 箱《はこ》のふたを
㋒ 夜《よ》が

明《あ》ける。
空《あ》ける。
開《あ》ける。

③
㋐ 台《だい》の上《うえ》に
㋑ 連《れん》らくを
㋒ 新《あたら》しい家《いえ》が

建《た》つ。
絶《た》つ。
立《た》つ。

④
㋐ 税金《ぜいきん》を
㋑ 箱《はこ》に宝物《たからもの》を
㋒ 王様《おうさま》が国《くに》を

収《おさ》める。
納《おさ》める。
治《おさ》める。

(2) 次《つぎ》の文《ぶん》の□に合《あ》う言葉《ことば》を□から選《えら》んで書《か》きましょう。

① 約束《やくそく》より **早い** 時間《じかん》に駅《えき》に着《つ》いた。

速《はや》い・早《はや》い

② 花《か》だんの **周り** をさくで囲《かこ》む。

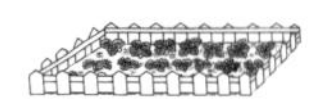

周《まわ》り・回《まわ》り

③ 自分《じぶん》の考《かんが》えを文章《ぶんしょう》に **表す**。

表《あらわ》す・現《あらわ》す

④ テストの問題《もんだい》を **解く**。

説《と》く・解《と》く

解答例

本書の解答は，あくまでもひとつの例です。児童に取り組ませる前に，必ず指導される方が問題を解いてください。指導される方の作られた解答をもとに，児童の多様な考えに寄り添って○つけをお願いします。

48頁

漢字《かんじ》を正《ただ》しく使《つか》えるように (4)
（訓読《くんよ》みの場合《ばあい》）

名前

(1) 文《ぶん》の意味《いみ》に合《あ》うように、正《ただ》しい方《ほう》を○で囲《かこ》みましょう。

① 図書館《としょかん》で本《ほん》を｛帰《かえ》し・**返《かえ》し**｝、家《いえ》に｛**帰《かえ》る**・返《かえ》る｝。

② 修学旅行《しゅうがくりょこう》で｛移《うつ》した・**写《うつ》した**｝クラス写真《しゃしん》が｛敗《やぶ》れて・**破《やぶ》れて**｝悲《かな》しい。

③ 父《ちち》が｛**勤《つと》める**・努《つと》める｝会社《かいしゃ》のビルが、駅前《えきまえ》に新《あたら》しく｛立《た》つ・**建《た》つ**｝。

(2) 次《つぎ》の——線《せん》の漢字《かんじ》は、読《よ》み方《かた》が同《おな》じであるために書《か》きまちがえたものです。正《ただ》しい漢字《かんじ》を□から選《えら》んで書《か》きましょう。

① 友達《ともだち》と近所《きんじょ》の公園《こうえん》で合《あ》う。　**会**

② すずしい小《こ》かげでしばらく休《やす》む。　**木**

③ 長《なが》い夏休《なつやす》みも、もう中《なか》ばを過《す》ぎた。　**半**

④ 今日《きょう》の出来事《できごと》を思《おも》い出《だ》して独《ひと》り事《ごと》をつぶやく。　**言**

木・言・半・会

49頁

漢字《かんじ》を正《ただ》しく使《つか》えるように (5)
（音読《おんよ》みの場合《ばあい》）

名前

● 次《つぎ》の——線《せん》の読《よ》み方《かた》で、文《ぶん》の意味《いみ》に合《あ》う漢字《かんじ》を□から選《えら》んで書《か》きましょう。

①
㋐ ショウ人数《にんずう》で話《はな》し合《あ》う。　**少**
㋑ あの国《くに》は世界最《せかいさい》ショウの面積《めんせき》だ。　**小**

少・小

②
㋐ 雨《あめ》がやみ、試合《しあい》は再《さい》カイした。　**開**
㋑ 友《とも》との久《ひさ》しぶりの再《さい》カイを喜《よろこ》ぶ。　**会**

開・会

③
㋐ 先生《せんせい》に話《はな》しかける機《き》カイを待《ま》つ。　**会**
㋑ 工場《こうじょう》の機《き》カイ化《か》で生産量《せいさんりょう》が増《ふ》えた。　**械**

械・会

④
㋐ 毎週月曜日発行《まいしゅうげつようびはっこう》の週《しゅう》カン誌《し》を買《か》う。　**刊**
㋑ 図書館《としょかん》に行《い》ったのは、二週《にしゅう》カン前《まえ》だ。　**間**

刊・間

⑤
㋐ 大《おお》きなケーキをみんなで等《とう》ブンする。　**分**
㋑ 旅行先《りょこうさき》で、見《けん》ブンを広《ひろ》める。　**聞**

分・聞

50頁

漢字《かんじ》を正《ただ》しく使《つか》えるように (6)
（音読《おんよ》みの場合《ばあい》）

名前

(1) 次《つぎ》の文《ぶん》の□に合《あ》う漢字《かんじ》を□から選《えら》んで書《か》きましょう。

① 予習《よしゅう》　**復**《ふく》習《しゅう》を毎日《まいにち》する。　復・複

② 空気《くうき》の入《い》れかえのため窓《まど》を**開**《かい》放《ほう》する。　解・開

③ 教師《きょうし》から音楽家《おんがくか》に**転**《てん》職《しょく》する。　天・転

④ このおもちゃの仕組《しく》みは**単**《たん》純《じゅん》だ。　短・単

⑤ **固**《こ》体《たい》の氷《こおり》がとけて、液体《えきたい》の水《みず》になる。　固・個

(2) 次《つぎ》の読《よ》み方《かた》で、それぞれの文《ぶん》の□に合《あ》う漢字《かんじ》を□から選《えら》んで書《か》きましょう。

① カ
㋐ 全員《ぜんいん》で協力《きょうりょく》し、成《せい》**果**を上《あ》げる。
㋑ 読書感想文《どくしょかんそうぶん》の**課**題図書《だいとしょ》を読《よ》む。

果・課

② ケン
㋐ 理科《りか》の時間《じかん》に実《じっ》**験**をする。
㋑ 商品《しょうひん》の品質《ひんしつ》を**検**査《さ》する。

検・験

51頁

漢字《かんじ》を正《ただ》しく使《つか》えるように (7)
（音読《おんよ》みの場合《ばあい》）

名前

(1) 文《ぶん》の意味《いみ》に合《あ》うように、正《ただ》しい方《ほう》を○で囲《かこ》みましょう。

① 日本《にほん》の歴史《れきし》に｛**関心《かんしん》**・感心《かんしん》｝がある。

② ｛以外《いがい》・**意外《いがい》**｝にも妹《いもうと》は泣《な》かなかった。

③ 馬《うま》に｛資料《しりょう》・**飼料《しりょう》**｝をあたえる。

④ あなた｛**自身《じしん》**・自信《じしん》｝の考《かんが》えが知《し》りたい。

⑤ 運動会《うんどうかい》の百《ひゃく》メートル｛**競走《きょうそう》**・競争《きょうそう》｝は一着《いっちゃく》だった。

(2) 次《つぎ》の——線《せん》の漢字《かんじ》は、読《よ》み方《かた》が同《おな》じであるために書《か》きまちがえたものです。□から選《えら》んだ正《ただ》しい漢字《かんじ》を使《つか》って言葉《ことば》を書《か》きましょう。

① 図形《ずけい》の面績《めんせき》を計算《けいさん》で求《もと》める。　**面**《めん》**積**《せき》　責・積

② 私《わたし》たちの考《かんが》えをはっきりと主長《しゅちょう》する。　**主**《しゅ》**張**《ちょう》　帳・張

③ 晴潔《せいけつ》なタオルで手《て》をふく。　**清**《せい》**潔**《けつ》　精・清

④ 保健室《ほけんしつ》で身体則定《しんたいそくてい》をする。　**身**《しん》**体**《たい》**測**《そく》**定**《てい》　側・測

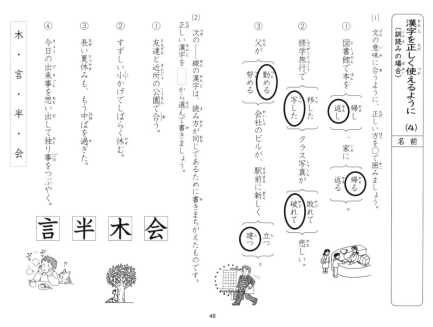

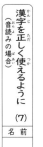

52頁

覚《おぼ》えておきたい言葉《ことば》 (1)

名前

(1) 次《つぎ》の言葉《ことば》の意味《いみ》を下《した》から選《えら》んで——線《せん》で結《むす》びましょう。

① 段落《だんらく》 —— 長《なが》い文章《ぶんしょう》を、内容《ないよう》によって分《わ》けたときのひとまとまり。はじめを一字下《いちじさ》げて表《あらわ》す。

② 要約《ようやく》 —— 話《はなし》や文章《ぶんしょう》の大事《だいじ》な点《てん》をとらえて、短《みじか》くまとめること。また、そのまとめたもの。

③ 討論《とうろん》 —— ある議題《ぎだい》について、おたがいに意見《いけん》を出《だ》して話《はな》し合《あ》い、議論《ぎろん》をたたかわせること。

(2) 次《つぎ》の——線《せん》の言葉《ことば》の意味《いみ》を□から選《えら》んで、記号《きごう》で答《こた》えましょう。

① 文章《ぶんしょう》をよりよくするために推敲《すいこう》する。 イ

② 文章《ぶんしょう》から作者《さくしゃ》の意図《いと》を読《よ》み取《と》る。 ア

㋐ あることをしようというねらい。
㋑ 文章《ぶんしょう》を何度《なんど》も読《よ》み返《かえ》して直《なお》すこと。

(3) 次《つぎ》の（　）にあてはまる言葉《ことば》を□から選《えら》んで書《か》きましょう。

① 身長《しんちょう》ののびに（比例）して体重《たいじゅう》も増《ふ》えた。

② クラスの男子《だんし》の（割合）は四割《よんわり》だ。

・割合《わりあい》
・比例《ひれい》

52

53頁

覚《おぼ》えておきたい言葉《ことば》 (2)

名前

(1) 次《つぎ》の（　）にあてはまる理科《りか》に関《かん》する言葉《ことば》を□から選《えら》んで書《か》きましょう。

① 液体《えきたい》が（蒸発）して気体《きたい》になる。

② 植物《しょくぶつ》のたねが（発芽）する。

・蒸発《じょうはつ》
・発芽《はつが》

(2) 次《つぎ》の（　）にあてはまる社会《しゃかい》に関《かん》する言葉《ことば》を□から選《えら》んで書《か》きましょう。

① 国民《こくみん》には、教育《きょういく》を受《う》ける（権利）が認《みと》められている。

② 納税《のうぜい》は、国民《こくみん》の（義務）の一《ひと》つである。

・義務《ぎむ》
・権利《けんり》

(3) 次《つぎ》の——線《せん》の言葉《ことば》の意味《いみ》を□から選《えら》んで、記号《きごう》で答《こた》えましょう。

① 江戸時代《えどじだい》は、外国《がいこく》との貿易《ぼうえき》が自由《じゆう》にできなかった。 ア

② 外国《がいこく》と和平条約《わへいじょうやく》を結《むす》ぶ。 イ

㋐ 外国《がいこく》と品物《しなもの》の取《と》り引《ひ》きをすること。
㋑ 国《くに》と国《くに》との間《あいだ》で、文書《ぶんしょ》で取《と》り決《き》めた約束《やくそく》。

53

54頁

人《ひと》を引《ひ》きつける表現《ひょうげん》 (1)

名前

● 次《つぎ》の文章《ぶんしょう》を二回読《にかいよ》んで、答《こた》えましょう。

1

つき
でてた　つきが
まるいまるい　まんまるい
ぼんのような　つきが

「つき」という歌《うた》の歌詞《かし》を見《み》てみましょう。どのような表現《ひょうげん》の工夫《くふう》があるでしょうか。

まず、言葉《ことば》の順番《じゅんばん》が、ふつうとはちがっていることに気《き》づきます。「でた」が先《さき》に、「つきが」が後《あと》になっています。先《さき》に言《い》うことで、月《つき》が「でた」ことが強調《きょうちょう》されています。

2

また、㋐「でてた」のようなくり返《かえ》しも、大切《たいせつ》な表現《ひょうげん》の工夫《くふう》です。くり返《かえ》すことで、そのことが強《つよ》く印象《いんしょう》づけられるとともに、調子《ちょうし》のよいリズムも生《う》まれます。

（令和二年度版　光村図書　国語六　創造「人を引きつける表現」より）

1

(1) 「つき」という歌《うた》の歌詞《かし》から、何《なに》を探《さが》して考《かんが》えようとしていますか。文中《ぶんちゅう》から五文字《ごもじ》で書《か》き出《だ》しましょう。

表現の工夫

(2) 「でてた　つきが」の歌詞《かし》で、ふつうとちがっていることは、何《なん》ですか。文中《ぶんちゅう》の五文字《ごもじ》の言葉《ことば》で書《か》きましょう。

言葉の順番

(3) 「でた」を先《さき》に言《い》うことで、どのような効果《こうか》がありますか。

月《つき》が「でた」ことが（強調）されている。

2

㋐「でてた」のようなくり返《かえ》しによって、どのような効果《こうか》がありますか。二《ふた》つ書《か》きましょう。

くり返《かえ》し表現《ひょうげん》したことが（強く）印象《いんしょう》づけられる。

（調子のよいリズム）も生《う》まれる。

54

55頁

人《ひと》を引《ひ》きつける表現《ひょうげん》 (2)

名前

● 次《つぎ》の文章《ぶんしょう》を二回読《にかいよ》んで、答《こた》えましょう。

1

「つき」という歌《うた》の歌詞《かし》には、どのような表現《ひょうげん》の工夫《くふう》があるでしょうか。

つき
でてた　つきが
まるいまるい　まんまるい
ぼんのような　つきが

さらに、満月《まんげつ》の「まるい」形《かたち》が、「ぼんのような」とたとえられています。このように、似《に》ているものにたとえる表現《ひょうげん》を、比喩《ひゆ》とよびます。

2

「まるいぼん」が「まるい月《つき》」の比喩《ひゆ》となっていることで、身近《みぢか》な印象《いんしょう》をあたえるとともに、「まんまるい」形《かたち》をしていることがよく伝《つた》わってきます。

「月《つき》が顔《かお》を出《だ》す」という表現《ひょうげん》を見《み》かけることがありますが、㋐「月《つき》」に対《たい》して「顔《かお》を出《だ》す」という言葉《ことば》を使《つか》うのも、比喩的《ひゆてき》な発想《はっそう》の表現《ひょうげん》ですね。

（令和二年度版　光村図書　国語六　創造「人を引きつける表現」より）

1

(1) 「ぼんのような」とたとえられているのは、何《なん》という月《つき》の、どんな形《かたち》の月《つき》ですか。文中《ぶんちゅう》の言葉《ことば》で書《か》きましょう。

（満月）の（「まるい」形）の月《つき》。

(2) 似《に》ているものにたとえる表現《ひょうげん》を、何《なん》とよびますか。（習《なら》っていない漢字《かんじ》は、ひらがなで書《か》きましょう。）

比ゆ

2

(1) 「まるいぼん」が「まるい月《つき》」の比喩《ひゆ》となっていることで、どのような効果《こうか》がありますか。二《ふた》つ書《か》きましょう。

（身近な）印象《いんしょう》をあたえる。

（「まんまるい」形）をしていることがよく伝《つた》わる。

(2) ㋐「月《つき》」に対《たい》して…比喩的《ひゆてき》な発想《はっそう》の表現《ひょうげん》ですね。とありますが、そういえるのは、なぜですか。○をつけましょう。

（○）「顔《かお》を出《だ》す」という表現《ひょうげん》は、まるで月《つき》が人間《にんげん》のような言《い》い方《かた》だから。

（　）満月《まんげつ》のときのもようが、人間《にんげん》の顔《かお》のように見《み》えるから。

55

解答例

本書の解答は，あくまでもひとつの例です。児童に取り組ませる前に，必ず指導される方が問題を解いてください。指導される方の作られた解答をもとに，児童の多様な考えに寄り添って○つけをお願いします。

56頁

人《ひと》を引《ひ》きつける表現《ひょうげん》 (3)
（比喩《ひゆ》）

名前

● 次《つぎ》の文章《ぶんしょう》を一回読《にかいよ》んで、答《こた》えましょう。

あるものごとを、似《に》ているものにたとえる表現《ひょうげん》を比喩《ひゆ》とよびます。比喩《ひゆ》には、次《つぎ》のような種類《しゅるい》があります。

㋐ 人間以外《にんげんいがい》のものを人間《にんげん》にたとえて言《い》い表《あらわ》す方法《ほうほう》。

(例《れい》) お日《ひ》さまが笑《わら》う。

㋑ 「〜のような」「〜みたいな」などの言葉《ことば》を使《つか》ってたとえる方法《ほうほう》。

(例《れい》) おぼんのような月《つき》が出《で》た。

㋒ 「〜のような」「〜みたいな」などの言葉《ことば》を使《つか》わずにたとえる方法《ほうほう》。

(例《れい》) 雲一《くもひと》つない空《そら》は、水色《みずいろ》の画用紙《がようし》だ。

(1) 上《うえ》の文章《ぶんしょう》では、何《なん》という表現《ひょうげん》の工夫《くふう》について説明《せつめい》していますか。
(習《なら》っていない漢字《かんじ》は、ひらがなで書《か》きましょう。)

比ゆ

(2) 次《つぎ》の①〜⑥の文《ぶん》には、上《うえ》の㋐〜㋒のどの比喩《ひゆ》の方法《ほうほう》が使《つか》われていますか。㋐〜㋒の記号《きごう》で答《こた》えましょう。

① 春風《はるかぜ》が歌《うた》う。 **㋐**

② 赤《あか》ちゃんは天使《てんし》だ。 **㋒**

③ わたがしみたいな雲《くも》がうかんでいる。 **㋑**

④ 弟《おとうと》は、わが家《や》のお日《ひ》さまだ。 **㋒**

⑤ 火山《かざん》がおこり出《だ》す。 **㋐**

⑥ これは、山《やま》のような宿題《しゅくだい》だ。 **㋑**

57頁

人《ひと》を引《ひ》きつける表現《ひょうげん》 (4)
（比喩以外《ひゆいがい》の表現《ひょうげん》の工夫《くふう》）

名前

● 次《つぎ》の文章《ぶんしょう》を二回読《にかいよ》んで、答《こた》えましょう。

表現《ひょうげん》の工夫《くふう》には、次《つぎ》のようなものもあります。

㋐ 言葉《ことば》の順番《じゅんばん》をふつうとは逆《ぎゃく》にして、印象《いんしょう》を強《つよ》める方法《ほうほう》。

(例《れい》) かがやいているよ、満天《まんてん》の星《ほし》が。

㋑ 同《おな》じ言葉《ことば》や文《ぶん》をくり返《かえ》して、調子《ちょうし》のよいリズムを生《う》んだり、印象《いんしょう》を強《つよ》めたりする方法《ほうほう》。

(例《れい》) 満天《まんてん》の星《ほし》よ、かがやけ、かがやけ。

㋒ 音《おと》や様子《ようす》を、それらしい言葉《ことば》で表現《ひょうげん》する方法《ほうほう》。

(例《れい》) 満天《まんてん》の星《ほし》がきらきらとかがやく。

㋓ 七音《しちおん》と五音《ごおん》の組《く》み合《あ》わせでリズムを生《う》む方法《ほうほう》。

(例《れい》) 冬《ふゆ》の夜空《よぞら》を見上《みあ》げれば満天《まんてん》の星《ほし》、かがやくよ。

※満天《まんてん》…空一面《そらいちめん》。

(1) 次《つぎ》の文《ぶん》には、上《うえ》の㋐〜㋓のどの表現《ひょうげん》の工夫《くふう》が使《つか》われていますか。記号《きごう》で答《こた》えましょう。

① どこまでもどこまでも道《みち》は続《つづ》く。 **㋑**

② そんなことも知《し》らなかったのか、きみは。 **㋐**

③ 風船《ふうせん》がふわふわと空《そら》へとんでいく。 **㋒**

④ ねこの赤《あか》ちゃん、小《ちい》さいな。真《ま》っ白《しろ》の毛《け》がかわいいな。 **㋓**

⑤ 雨《あめ》がぱらぱらとふり出《だ》したので、かさをさっと開《ひら》いた。 **㋒**

⑥ わたしは、お気《き》に入《い》りの詩《し》を何度《なんど》も何度《なんど》も読《よ》み返《かえ》した。 **㋑**

58頁

思《おも》い出《で》を言葉《ことば》に

名前

教科書《きょうかしょ》の「思《おも》い出《で》を言葉《ことば》に」を読《よ》んで、答《こた》えましょう。

● 次《つぎ》の「作品《さくひん》の例《れい》①」は、学校生活《がっこうせいかつ》の中《なか》で印象《いんしょう》に残《のこ》っている出来事《できごと》やそのときの心情《しんじょう》を簡単《かんたん》に書《か》き表《あらわ》したものです。「作品《さくひん》の例《れい》②」は、①の内容《ないよう》が効果的《こうかてき》に伝《つた》わるよう、表現《ひょうげん》する形式《けいしき》を工夫《くふう》して仕上《しあ》げたものです。文章《ぶんしょう》を読《よ》んで、問題《もんだい》に答《こた》えましょう。

● 作品《さくひん》の例《れい》①

〈入学式《にゅうがくしき》〉 ◎自覚《じかく》

一年生《いちねんせい》が小《ちい》さくておどろいた。ぼくも、こんなに小《ちい》さくて、手《て》をつないでもらっていたのかと思《おも》った。手《て》から、きんちょうが伝《つた》わってきた。六年生《ろくねんせい》になったのだから、一年生《いちねんせい》にやさしくしようと㋐思《おも》った。

←

● 作品《さくひん》の例《れい》②

一年生《いちねんせい》の小《ちい》さな手《て》から
どきどきが伝《つた》わった
ぼくもこんなに
小《ちい》さかったのかな
ぼくも六年生《ろくねんせい》の手《て》を
にぎりしめていたのかな ㋑
ぼくがやさしくしようと㋒決《き》めた
六年生《ろくねんせい》になったばかりの入学式《にゅうがくしき》

（令和二年度版　光村図書　国語六　創造「思い出を言葉に」による）

(1) 何《なん》の行事《ぎょうじ》のことを書《か》いた文章《ぶんしょう》ですか。

自分《じぶん》が **六** 年生《ねんせい》のときの **入学式** のこと。

(2) 上《うえ》の「作品《さくひん》の例《れい》②」の表現形式《ひょうげんけいしき》は、何《なん》ですか。○をつけましょう。

(　) 短歌《たんか》
(**○**) 詩《し》

(3) ㋑の四行《よんぎょう》のところで、どんな表現《ひょうげん》の工夫《くふう》がありますか。○をつけましょう。

(**○**) 「ぼくも…のかな。」という同《おな》じ言葉《ことば》のくり返《かえ》しの表現《ひょうげん》。
(　) たとえを使《つか》った「比喩《ひゆ》」の表現《ひょうげん》。

(4) 元《もと》の文章《ぶんしょう》の㋐「思《おも》った」を、㋒「決《き》めた」という言葉《ことば》に変《か》えたことで、どんなことがより伝《つた》わりますか。○をつけましょう。

(**○**) 六年生《ろくねんせい》になった自覚《じかく》。
(　) 六年生《ろくねんせい》になった喜《よろこ》び。

59頁

今《いま》、私《わたし》は、ぼくは

名前

教科書《きょうかしょ》の「今《いま》、私《わたし》は、ぼくは」を読《よ》んで、答《こた》えましょう。

● 次《つぎ》の文章《ぶんしょう》は、「将来《しょうらい》の夢《ゆめ》」についての矢島《やじま》さんのスピーチ原稿《げんこう》の一部《いちぶ》です。

1

私《わたし》が管理栄養士《かんりえいようし》という仕事《しごと》に興味《きょうみ》をもったきっかけは、テレビ番組《ばんぐみ》で、小島《こじま》みのりさんという管理栄養士《かんりえいようし》の方《かた》を知《し》ったことです。

2

みなさんは、昨年《さくねん》、マラソンの国際大会《こくさいたいかい》でかつやくした高田陽子選手《たかだようこせんしゅ》を覚《おぼ》えていますか。←㋐小島《こじま》さんは高田選手専属《たかだせんしゅせんぞく》の管理栄養士《かんりえいようし》で、高田選手《たかだせんしゅ》を支《ささ》えたチームの一員《いちいん》として、テレビ番組《ばんぐみ》でしょうかいされていました。←㋑けがで不調《ふちょう》になった高田選手《たかだせんしゅ》は、練習《れんしゅう》や生活《せいかつ》を一《いち》から見直《みなお》します。そのとき、食事《しょくじ》の専門家《せんもんか》として声《こえ》がかかったのが、小島《こじま》さんでした。

（令和二年度版　光村図書　国語六　創造「今、私は、ぼくは」による）

1の文章《ぶんしょう》を読《よ》んで答《こた》えましょう。

(1) 「私《わたし》」（矢島《やじま》さん）が興味《きょうみ》をもっているのは、何《なん》という仕事《しごと》ですか。

管理栄養士

(2) 「私《わたし》」（矢島《やじま》さん）が管理栄養士《かんりえいようし》という仕事《しごと》に興味《きょうみ》をもったきっかけは、どんなことでしたか。文中《ぶんちゅう》の言葉《ことば》で書《か》き出《だ》しましょう。

テレビ番組で、小島みのりさんという管理栄養士の方を知ったこと。

2の文章《ぶんしょう》を読《よ》んで答《こた》えましょう。

(1) スピーチで、少《すこ》し間《ま》を取《と》ると効果的《こうかてき》だと考《かんが》えられるのは、㋐、㋑のどちらのときですか。記号《きごう》で答《こた》えましょう。

㋐

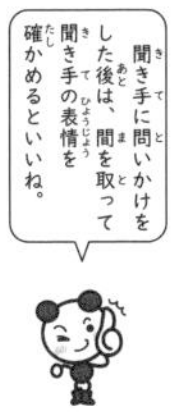

60頁

海《うみ》の命《いのち》 (1)

名前

● 教科書《きょうかしょ》の「海《うみ》の命《いのち》」の全文《ぜんぶん》を読《よ》んだ後《あと》、次《つぎ》の文章《ぶんしょう》を二回読《にかいよ》んで、答《こた》えましょう。

1

［太一《たいち》は、もぐり漁師《りょうし》だった父《ちち》の死後《しご》、与吉《よきち》じいさの弟子《でし》になり、一本《いっぽん》づりの漁師《りょうし》になった。］

ある日《ひ》、母《はは》はこんなふうに言《い》うのだった。

㋐「おまえが、おとうの死《し》んだ瀬《せ》にもぐると、いつ言《い》いだすかと思《おも》うと、私《わたし》は㋑おそろしくて夜《よる》もねむれないよ。おまえの心《こころ》の中《なか》が見《み》えるようで。」

※おとう…（太一《たいち》の）お父《とう》さん。
※瀬《せ》…潮《しお》（海《うみ》の水《みず》）の流《なが》れが速《はや》いところ。

2

太一《たいち》は、あらしさえもはね返《かえ》す屈強《くっきょう》な若者《わかもの》になっていたのだ。太一《たいち》は、そのたくましい背中《せなか》に、母《はは》の悲《かな》しみさえも背負《せお》おうとしていたのである。

母《はは》が毎日見《まいにちみ》ている海《うみ》は、㋒いつしか太一《たいち》にとっては自由《じゆう》な世界《せかい》になっていた。

※屈強《くっきょう》…力《ちから》が強《つよ》く、たくましい。

（令和二年度版　光村図書　国語六　創造　立松《たてまつ》　和平《わへい》）

1

(1) ㋐の言葉《ことば》は、だれが、だれに言《い》った言葉《ことば》ですか。

〔母〕が〔太一〕に言《い》った言葉《ことば》。

(2) 太一《たいち》の母《はは》が㋑おそろしくて夜《よる》もねむれないのは、太一《たいち》が何《なん》と言《い》いだすと思《おも》うからですか。文中《ぶんちゅう》の言葉《ことば》で書《か》き出《だ》しましょう。（習《なら》っていない漢字《かんじ》は、ひらがなで書《か》きましょう。）

〔おとうの死んだ瀬(せ)にもぐる〕

2

(1) 太一《たいち》は、どんな若者《わかもの》になっていましたか。

〔あらしさえもはね返す屈強《くっきょう》な若者《わかもの》。〕

(2) ㋒いつしかとは、どんな意味《いみ》ですか。○をつけましょう。

(　) いつでも。
(○) いつのまにか。

(3) 母《はは》が毎日見《まいにちみ》ている海《うみ》は、太一《たいち》にとってはどのようなものになっていましたか。

〔自由な世界〕

61頁

海《うみ》の命《いのち》 (2)

名前

● 次《つぎ》の文章《ぶんしょう》を二回読《にかいよ》んで、答《こた》えましょう。

1

［太一《たいち》は、たくましい若者《わかもの》となり、海《うみ》は、いつしか太一《たいち》にとっては自由《じゆう》な世界《せかい》になっていた。］

いつもの一本《いっぽん》づりで二十《にじっ》ぴきのイサキをはやばやととった太一《たいち》は、父《ちち》が死《し》んだ辺《あた》りの瀬《せ》に船《ふね》を進《すす》めた。

※イサキ…魚《さかな》の名前《なまえ》。
※はやばや…たいへん早《はや》く。

2

いかりを下《お》ろし、海《うみ》に飛《と》びこんだ。はだに水《みず》の感触《かんしょく》がここちよい。海中《かいちゅう》に棒《ぼう》になって差《さ》しこんだ光《ひかり》が、波《なみ》の動《うご》きにつれ、かがやきながら交差《こうさ》する。耳《みみ》には何《なに》も聞《き》こえなかったが、太一《たいち》は壮大《そうだい》な音楽《おんがく》を聞《き》いているような気分《きぶん》になった。とうとう、父《ちち》の海《うみ》にやって来《き》たのだ。

※いかり…船《ふね》が流《なが》されないように、くさりをつけて水《みず》の中《なか》にしずめておく、鉄《てつ》のおもり。
※いかりを下《お》ろす…船《ふね》をとめる。
※感触《かんしょく》…さわった感《かん》じ。はだざわり。

（令和二年度版　光村図書　国語六　創造　立松《たてまつ》　和平《わへい》）

1

(1) 太一《たいち》は、どんな方法《ほうほう》でイサキをとりましたか。（習《なら》っていない漢字《かんじ》は、ひらがなで書《か》きましょう。）

〔(いつもの)一本づり〕

(2) 太一《たいち》は、どこに船《ふね》を進《すす》めましたか。

〔父が死んだ辺りの瀬(せ)〕

2

(1) 海《うみ》に飛《と》びこんだ太一《たいち》が、ここちよいとはだに感《かん》じたのは、何《なん》ですか。

〔水の感しょく〕

(2) 太一《たいち》は、海《うみ》の中《なか》でどんな気分《きぶん》になりましたか。

〔そう大な音楽を聞いているような気分〕

(3) 太一《たいち》は、やって来《き》たこの場所《ばしょ》のことを、何《なん》と思《おも》っていますか。文中《ぶんちゅう》の三文字《さんもじ》の言葉《ことば》で書《か》きましょう。

〔父の海〕

62頁

海《うみ》の命《いのち》 (3)

名前

● 次《つぎ》の文章《ぶんしょう》を二回読《にかいよ》んで、答《こた》えましょう。

1

［太一《たいち》は、父《ちち》が死《し》んだ辺《あた》りの瀬《せ》に船《ふね》を進《すす》め、海《うみ》に飛《と》びこんだ。とうとう、父《ちち》の海《うみ》にやって来《き》たのだ。］

太一《たいち》が瀬《せ》にもぐり続《つづ》けて、ほぼ一年《いちねん》が過《す》ぎた。父《ちち》を最後《さいご》にもぐり漁師《りょうし》がいなくなったので、アワビもサザエもウニもたくさんいた。激《はげ》しい潮《しお》の流《なが》れに守《まも》られるようにして生《い》きている、二十《にじっ》キロぐらいのクエも見《み》かけた。

㋐、太一《たいち》は興味《きょうみ》をもてなかった。

※もぐり漁師《りょうし》…海《うみ》の中《なか》にもぐって、魚《さかな》をとる人《ひと》。
※クエ…岩《いわ》かげにひそんで生息《せいそく》する大《おお》きな魚《さかな》の名前《なまえ》。

2

追《お》い求《もと》めているうちに、㋑不意《ふい》に夢《ゆめ》は実現《じつげん》するものだ。

太一《たいち》は海草《かいそう》のゆれる穴《あな》のおくに、青《あお》い宝石《ほうせき》の目《め》を見《み》た。

（令和二年度版　光村図書　国語六　創造　立松《たてまつ》　和平《わへい》）

1

(1) 太一《たいち》が瀬《せ》にもぐり続《つづ》けて、どれぐらいの期間《きかん》が過《す》ぎたころのことですか。

〔ほぼ一年〕

(2) 太一《たいち》がもぐった瀬《せ》に、アワビもサザエもウニもたくさんいたのは、なぜですか。

（例）

〔太一《たいち》の父《ちち》を最後《さいご》に もぐり漁師がいなくなったから。〕

(3) ㋐にあてはまる言葉《ことば》に○をつけましょう。

(　) だから　(○) だが

2

(1) ㋑不意《ふい》にとは、どんな意味《いみ》ですか。○をつけましょう。

(○) とつぜん。急《きゅう》に。
(　) 思《おも》っていた通《とお》りに。

(2) 太一《たいち》が海草《かいそう》のゆれる穴《あな》のおくに見《み》たものは、何《なん》ですか。文中《ぶんちゅう》の言葉《ことば》で書《か》きましょう。

〔青い宝石の目〕

63頁

海《うみ》の命《いのち》 (4)

名前

● 次《つぎ》の文章《ぶんしょう》を二回読《にかいよ》んで、答《こた》えましょう。

1

［太一《たいち》は海草《かいそう》のゆれる穴《あな》のおくに、青《あお》い宝石《ほうせき》の目《め》を見《み》た。］

海底《かいてい》の砂《すな》にもりをさして場所《ばしょ》を見失《みうしな》わないようにしてから、太一《たいち》は銀色《ぎんいろ》にゆれる㋐水面《すいめん》にうかんでいった。息《いき》を吸《す》ってもどると、同《おな》じ所《ところ》に同《おな》じ㋑青《あお》い目《め》がある。ひとみは黒《くろ》いしんじゅのようだった。刃物《はもの》のような歯《は》が並《なら》んだ灰色《はいいろ》のくちびるは、ふくらんでいて大《おお》きい。

※もり…魚《さかな》などをつきさしてとる、先《さき》のとがった道具《どうぐ》。

2

魚《さかな》がえらを動《うご》かすたび、水《みず》が動《うご》くのが分《わ》かった。岩《いわ》そのものが魚《さかな》のようだった。全体《ぜんたい》は見《み》えないのだが、百五十《ひゃくごじっ》キロはゆうにこえているだろう。

※ゆうに…たっぷり。十分《じゅうぶん》に。

（令和二年度版　光村図書　国語六　創造　立松《たてまつ》　和平《わへい》）

1

(1) 太一《たいち》が㋐水面《すいめん》にうかんでいったのは、何《なん》のためですか。○をつけましょう。

(　) もりを取《と》りにいくため。
(○) 息《いき》を吸《す》うため。

(2) ㋑青《あお》い目《め》をしたもののひとみは、何《なん》のようでしたか。

〔黒いしんじゅ(のよう)〕

(3) ㋑青《あお》い目《め》をしたものの歯《は》は、何《なん》のようでしたか。

〔刃物(のよう)〕

2

(1) どんなものが、魚《さかな》のようでしたか。文中《ぶんちゅう》の五文字《ごもじ》の言葉《ことば》で書《か》きましょう。

〔岩そのもの〕

(2) 魚《さかな》の重《おも》さは、どれぐらいのようでしたか。

〔百五十キロはゆうにこえて いるようだった。〕

本書の解答は，あくまでもひとつの例です。児童に取り組ませる前に，必ず指導される方が問題を解いてください。指導される方の作られた解答をもとに，児童の多様な考えに寄り添って○つけをお願いします。

64頁

海《うみ》の命《いのち》 (5)

名前

● 次《つぎ》の文章《ぶんしょう》を二回《にかい》読《よ》んで、答《こた》えましょう。

1

〔太一《たいち》は、海草《かいそう》のゆれる穴《あな》のおくに、青《あお》い宝石《ほうせき》の目《め》を見《み》た。岩《いわ》そのものが魚《さかな》のようだった。百五十《ひゃくごじゅう》キロはゆうにこえているだろう。〕

興奮《こうふん》していながら、太一《たいち》は冷静《れいせい》だった。これが自分《じぶん》の追《お》い求《もと》めてきたまぼろしの魚《さかな》、村一番《むらいちばん》のもぐり漁師《りょうし》だった父《ちち》を破《やぶ》った瀬《せ》の主《ぬし》なのかもしれない。

※興奮《こうふん》…気持《きも》ちが高《たか》ぶること。
※冷静《れいせい》…落《お》ち着《つ》いていること。
※まぼろしの魚《さかな》…いるかいないか分《わ》からない魚《さかな》。

2

太一《たいち》は鼻《はな》づらに向《む》かってもりをつき出《だ》すのだが、クエは動《うご》こうとはしない。㋐そうしたままで時間《じかん》が過《す》ぎた。太一《たいち》は永遠《えいえん》にここにいられるような気《き》さえした。しかし、息《いき》が苦《くる》しくなって、またうかんでいく。

（令和二年度版　光村図書　国語六　創造　立松《たてまつ》　和平《わへい》）

1

(1) 大《おお》きな魚《さかな》と向《む》かい合《あ》う太一《たいち》は、どんな気持《きも》ちでしたか。文中《ぶんちゅう》の言葉《ことば》で二《ふた》つ書《か》きましょう。

〔興奮〕〔冷静〕

(2) 太一《たいち》は、向《む》かい合《あ》う大《おお》きな魚《さかな》のことを何《なに》かもしれないと思《おも》いましたか。文中《ぶんちゅう》の言葉《ことば》で二《ふた》つ書《か》きましょう。（習《なら》っていない漢字《かんじ》は、ひらがなで書《か》きましょう。）

自分《じぶん》が追《お》い求《もと》めてきた〔まぼろしの魚〕。

父《ちち》を破《やぶ》った〔瀬（せ）の主〕。

2

(1) 2の文章《ぶんしょう》では、向《む》かい合《あ》う大《おお》きな魚《さかな》のことを何《なん》と書《か》いてありますか。文中《ぶんちゅう》の二文字《にもじ》の言葉《ことば》で書《か》きましょう。

〔クエ〕

(2) ㋐そうしたままでとありますが、もりをつき出《だ》す太一《たいち》に対《たい》して、クエはどんな様子《ようす》のままでしたか。

〔動こうとはしない〕まま。

65頁

海《うみ》の命《いのち》 (6)

名前

● 次《つぎ》の文章《ぶんしょう》を二回《にかい》読《よ》んで、答《こた》えましょう。

1

〔太一《たいち》は、鼻《はな》づらに向《む》かってもりをつき出《だ》すが、クエは動《うご》こうとしないまま、時間《じかん》が過《す》ぎた。太一《たいち》は、息《いき》が苦《くる》しくなって、またうかんでいく。〕

もう一度《いちど》もどってきても、瀬《せ》の主《ぬし》は全《まった》く動《うご》こうとはせずに太一《たいち》を見《み》ていた。おだやかな目《め》だった。

2

この大魚《たいぎょ》は自分《じぶん》に殺《ころ》されたがっているのだと、太一《たいち》は思《おも》ったほどだった。これまで数限《かずかぎ》りなく魚《さかな》を殺《ころ》してきたのだが、こんな感情《かんじょう》になったのは初《はじ》めてだ。この魚《さかな》をとらなければ、本当《ほんとう》の一人前《いちにんまえ》の漁師《りょうし》にはなれないのだと、太一《たいち》は泣《な》きそうになりながら思《おも》う。

※数限《かずかぎ》りなく…数《かぞ》えきれないほどたくさん。

（令和二年度版　光村図書　国語六　創造　立松《たてまつ》　和平《わへい》）

1

(1) 太一《たいち》がもう一度《いちど》もどってきたとき、瀬《せ》の主《ぬし》はどんな様子《ようす》でしたか。文中《ぶんちゅう》の言葉《ことば》で書《か》き出《だ》しましょう。

〔全く動こうとはせずに太一を見ていた。〕

(2) 太一《たいち》を見《み》ていた瀬《せ》の主《ぬし》の目《め》は、どんな目《め》でしたか。

〔おだやかな目〕

2

(1) 全《まった》く動《うご》こうとはせずに太一《たいち》を見《み》ている大魚《たいぎょ》の様子《ようす》から、太一《たいち》はどう思《おも》いましたか。文中《ぶんちゅう》の言葉《ことば》で書《か》き出《だ》しましょう。

この大魚《たいぎょ》は〔自分に殺されたがっているのだ〕

(2) 太一《たいち》は、この魚《さかな》をとらなければ、何《なに》になれないと思《おも》いましたか。

〔本当の一人前の漁師〕

66頁

海《うみ》の命《いのち》 (7)

名前

● 次《つぎ》の文章《ぶんしょう》を二回《にかい》読《よ》んで、答《こた》えましょう。

1

〔瀬《せ》の主《ぬし》は全《まった》く動《うご》こうとはせずにおだやかな目《め》で太一《たいち》を見《み》ていた。〕

㋐この魚《さかな》をとらなければ、本当《ほんとう》の一人前《いちにんまえ》の漁師《りょうし》にはなれないのだと、太一《たいち》は泣《な》きそうになりながら思《おも》う。

㋑水《みず》の中《なか》で太一《たいち》はふっとほほえみ、口《くち》から銀《ぎん》のあぶくを出《だ》した。もりの刃先《はさき》を足《あし》の方《ほう》にどけ、クエに向《む》かってもう一度《いちど》えがおを作《つく》った。

※あぶく…あわ。

2

「おとう、ここにおられたのですか。また会《あ》いに来《き》ますから。」

こう思《おも》うことによって、太一《たいち》は瀬《せ》の主《ぬし》を殺《ころ》さないで済《す》んだのだ。大魚《たいぎょ》はこの海《うみ》の命《いのち》だと思《おも》えた。

（令和二年度版　光村図書　国語六　創造　立松《たてまつ》　和平《わへい》）

1

(1) ㋐この魚《さかな》を…漁師《りょうし》にはなれないのだと思《おも》ったときの太一《たいち》は、どんな様子《ようす》でしたか。

太一《たいち》は〔泣きそう〕になっていた。

(2) ㋑水《みず》の中《なか》で、太一《たいち》はどうしましたか。

〔ふっとほほえみ〕、口《くち》から銀《ぎん》のあぶくを出《だ》した。

(3) もりの刃先《はさき》を足《あし》の方《ほう》にどけた太一《たいち》は、何《なに》に向《む》かってえがおを作《つく》りましたか。

〔クエ〕

2

(1) 太一《たいち》は、どう思《おも》うことによって、瀬《せ》の主《ぬし》を殺《ころ》さないで済《す》みましたか。

〔「おとう、ここにおられたのですか。また会いに来ますから。」〕

(2) 太一《たいち》は、大魚《たいぎょ》のことを何《なん》だと思《おも》えましたか。

〔（この）海の命〕

67頁

生《い》きる (1)

名前

● 次《つぎ》の詩《し》を二回音読《にかいおんどく》して、答《こた》えましょう。

生《い》きる

谷川《たにかわ》　俊太郎《しゅんたろう》

1

生《い》きているということ
いま生《い》きているということ
それはのどがかわくということ
木《こ》もれ陽《び》がまぶしいということ
ふっと或《あ》るメロディを思《おも》い出《だ》すということ
くしゃみすること
あなたと手《て》をつなぐこと

2

生《い》きているということ
いま生《い》きているということ
それはミニスカート
それはプラネタリウム
それはヨハン・シュトラウス
それはピカソ
それはアルプス
すべての美《うつく》しいものに出会《であ》うということ
そして
かくされた悪《あく》を注意深《ちゅういぶか》くこばむこと

※木《こ》もれ陽《び》…木々《きぎ》の枝《えだ》や葉《は》のすき間《ま》からもれてくる日《ひ》の光《ひかり》。

（令和二年度版　光村図書　国語六　創造　谷川　俊太郎）

(1) 1（第一連《だいいちれん》）と2（第二連《だいにれん》）は、どちらも同《おな》じ言葉《ことば》で始《はじ》まっています。その二行《にぎょう》を書《か》き出《だ》しましょう。

〔生きているということ
いま生きているということ〕

(2) 1（第一連《だいいちれん》）で、作者《さくしゃ》が生《い》きているということとして挙《あ》げた五《いつ》つの中《なか》で、人《ひと》との関《かか》わりについて書《か》かれている一行《いちぎょう》を書《か》きましょう。

〔あなたと手をつなぐこと。〕

(3) 2（第二連《だいにれん》）で、生《い》きているということとは、「すべての美《うつく》しいものに出会《であ》うということ」とありますが、どんな美《うつく》しいものが挙《あ》げられていますか。五《いつ》つ書《か》きましょう。

〔ミニスカート〕
〔プラネタリウム〕
〔ヨハン・シュトラウス〕
〔ピカソ〕
〔アルプス〕

68頁

生《い》きる (2)

名前

● 次《つぎ》の詩《し》を二回音読《にかいおんどく》して、答《こた》えましょう。

3
(「生《い》きる」という詩《し》の続《つづ》きです。)
生《い》きているということ
いま生《い》きているということ
泣《な》けるということ
笑《わら》えるということ
怒《おこ》れるということ
自由《じゆう》ということ

4
生《い》きているということ
いま生《い》きているということ
いま遠《とお》くで犬《いぬ》がほえるということ
いま地球《ちきゅう》がまわっているということ
いまどこかで産声《うぶごえ》があがるということ
いまどこかで兵士《へいし》が傷《きず》つくということ
いまぶらんこがゆれているということ
いまいまが過《す》ぎてゆくこと

5
生《い》きているということ
いま生《い》きているということ
鳥《とり》ははばたくということ
海《うみ》はとどろくということ
かたつむりははうということ
人《ひと》は愛《あい》するということ
あなたの手《て》のぬくみ
いのちということ

※産声《うぶごえ》があがる…赤《あか》ちゃんが生《う》まれる。

(令和二年度版 光村図書 国語六 創造 谷川 俊太郎)

(1) 3(第三連《だいさんれん》)で、いま生《い》きているということとはどういうことだといっていますか。四《よっ》つ書《か》きましょう。(習《なら》っていない漢字《かんじ》は、ひらがなで書《か》きましょう。)

泣ける ということ。
笑える ということ。
おこれる ということ。
自由 ということ。

(2) 4(第四連《だいよんれん》)で、「いまどこかで産声《うぶごえ》があがるということ」と、反対《はんたい》のようなことが書《か》かれている一行《いちぎょう》を書《か》き出《だ》しましょう。

いまどこかで兵士が傷つくということ

(3) 5(第五連《だいごれん》)で、人《ひと》は、どうすることがいま生《い》きていることだといっていますか。一行《いちぎょう》を書《か》き出《だ》しましょう。

人は愛するということ

69頁

今《いま》、あなたに考《かんが》えてほしいこと (1)

名前

● 教科書《きょうかしょ》の「今《いま》、あなたに考《かんが》えてほしいこと」の全文《ぜんぶん》を読《よ》んだ後《あと》、次《つぎ》の文章《ぶんしょう》を二回読《にかいよ》んで、答《こた》えましょう。

1
〔二本《にほん》の足《あし》で歩《ある》くようになった人間《にんげん》は、自由《じゆう》な手《て》と考《かんが》える力《ちから》を使《つか》って技術《ぎじゅつ》を開発《かいはつ》し、自分《じぶん》の力《ちから》ではできないことができるようになり、生活《せいかつ》の便利《べんり》さは増《ま》しました。〕

でも、便利《べんり》になればよいとだけ思《おも》って技術《ぎじゅつ》を使《つか》っていると、資源《しげん》を使《つか》いすぎたり、はいき物《ぶつ》で環境《かんきょう》をよごしたりして、㋐自然《しぜん》をこわしてしまうことがあります。

2
自然《しぜん》がこわれると、さまざまな生《い》き物《もの》たちが生《い》きにくくなります。みんなが共《とも》に生《い》きている世界《せかい》なのですから、他《ほか》の生《い》き物《もの》が生《い》きにくければ人間《にんげん》も生《い》きにくくなるにちがいありません。自分《じぶん》のできることを思《おも》い切《き》りやって一生《いっしょう》けんめい生《い》きることは大事《だいじ》ですが、人間《にんげん》の場合《ばあい》、技術《ぎじゅつ》については、自然《しぜん》をこわさないようにということを考《かんが》えて使《つか》わなければなりません。

(令和二年度版 光村図書 国語六 創造 中村 桂子)

1 ㋐自然《しぜん》をこわしてしまうことがあります。とありますが、それは、人間《にんげん》がどんな考《かんが》えで技術《ぎじゅつ》を使《つか》っている場合《ばあい》に起《お》こりますか。

生活《せいかつ》が **便利になればよい** とだけ思《おも》って技術《ぎじゅつ》を使《つか》っている場合《ばあい》。

2 (1) 自然《しぜん》がこわれると、どうなると筆者《ひっしゃ》は述《の》べていますか。

(例) さまざま生き物たちが生きにくくなる。

(2) 他《ほか》の生《い》き物《もの》が生《い》きにくければ、人間《にんげん》も生《い》きにくくなるのは、なぜですか。

みんなが **共に生きている** 世界《せかい》なのだから。

(3) 人間《にんげん》の場合《ばあい》、技術《ぎじゅつ》については、どんなことを考《かんが》えなければならないと筆者《ひっしゃ》は述《の》べていますか。

自然をこわさないようにということ。

70頁

今《いま》、あなたに考《かんが》えてほしいこと (2)

名前

● 次《つぎ》の文章《ぶんしょう》を二回読《にかいよ》んで、答《こた》えましょう。

1
家《いえ》に残《のこ》っている家族《かぞく》が、おなかをすかせて食《た》べ物《もの》がほしいと思《おも》っているだろうと考《かんが》えるのは、他《ほか》の人《ひと》の心《こころ》を理解《りかい》することです。生《う》まれたばかりの赤《あか》ちゃんには、㋐この能力《のうりょく》はありません。

でも、赤《あか》ちゃんも、家族《かぞく》や周《まわ》りの人《ひと》との間《あいだ》でやり取《と》りをしているうちに、㋑だんだん相手《あいて》の心《こころ》が分《わ》かるようになり、それが全《すべ》ての人《ひと》を思《おも》いやる気持《きも》ちにまで広《ひろ》がるのです。

あなたはもう、この心《こころ》をもっているのではないでしょうか。

2
そして、今《いま》、考《かんが》えたいのは、その思《おも》いやりを他《ほか》の生《い》き物《もの》にまで広《ひろ》げることができるはずだということです。その思《おも》いやりがあれば、自然《しぜん》をこわさない暮《く》らし方《かた》を考《かんが》えようという気持《きも》ちになれるにちがいありません。

(令和二年度版 光村図書 国語六 創造 中村 桂子)

1 (1) ㋐この能力《のうりょく》とは、どんな能力《のうりょく》ですか。文中《ぶんちゅう》の言葉《ことば》で書《か》きましょう。

他の人の心 を理解《りかい》する能力《のうりょく》。

(2) 赤《あか》ちゃんは何《なに》をしているうちに、㋑相手《あいて》の心《こころ》が分《わ》かるようになるのですか。

家族《かぞく》や周《まわ》りの人《ひと》との間《あいだ》で **やり取り** をしているうちに。

(3) ㋑相手《あいて》の心《こころ》が分《わ》かるようになることが、どのような気持《きも》ちにまで広《ひろ》がるのですか。

全ての人を思いやる気持ち。

2 筆者《ひっしゃ》は、全《すべ》ての人《ひと》を思《おも》いやる気持《きも》ちがあれば、どうすることができるはずだと述《の》べていますか。二《ふた》つ書《か》きましょう。

思《おも》いやりを **他の生き物** にまで **広げる** こと。

自然をこわさない 暮《く》らし方《かた》を考《かんが》えようと思《おも》うこと。

71頁

今《いま》、あなたに考《かんが》えてほしいこと (3)

名前

● 次《つぎ》の文章《ぶんしょう》を二回読《にかいよ》んで、答《こた》えましょう。

1
〔今《いま》、考《かんが》えたいのは、全《すべ》ての人《ひと》を思《おも》いやる気持《きも》ちを、他《ほか》の生《い》き物《もの》にまで広《ひろ》げることができるはずだということです。その思《おも》いやりがあれば、自然《しぜん》をこわさない暮《く》らし方《かた》を考《かんが》えようという気持《きも》ちになれるにちがいありません。〕

この思《おも》いやる気持《きも》ちから生《う》まれたのが、想像力《そうぞうりょく》です。これは、他《ほか》の生《い》き物《もの》はもっていない、私《わたし》たち人間《にんげん》だけにあるものです。

2
遠《とお》くはなれたアフリカにも、あなたと同《おな》じ子《こ》どもたちが暮《く》らしていることを想像《そうぞう》してみてください。その子《こ》どもたちが食《た》べ物《もの》に困《こま》っていると知《し》ったら、手助《てだす》けしたいと思《おも》いませんか。百年《ひゃくねん》も昔《むかし》にいたであろう、あなたと同《おな》じくらいの子《こ》どもたちのことを思《おも》いうかべてみてください。どんな遊《あそ》びをしていたのだろうと考《かんが》えると、楽《たの》しくなってきませんか。また、百年先《ひゃくねんさき》はどんな社会《しゃかい》になっているのだろうと考《かんが》えると、わくわくしませんか。

(令和二年度版 光村図書 国語六 創造 中村 桂子)

1 (1) 全《すべ》ての人《ひと》や生《い》き物《もの》を思《おも》いやる気持《きも》ちから生《う》まれたものは、何《なん》ですか。

想像力

(2) 「想像力《そうぞうりょく》」についてあてはまるものに○をつけましょう。

( ) どの生《い》き物《もの》ももっているもの。
(○) 人間《にんげん》だけにあるもの。

2 (1) 遠《とお》くはなれたアフリカの、どんなことを想像《そうぞう》してみてほしいと筆者《ひっしゃ》は述《の》べていますか。

アフリカにも、あなたと同《おな》じ **子どもたちが暮らしていること**。

(2) アフリカの子《こ》どもたちのことの他《ほか》に、どんなことを想像《そうぞう》してみてほしいと述《の》べていますか。二《ふた》つ選《えら》んで○をつけましょう。

( ) 百年《ひゃくねん》も昔《むかし》の暮《く》らしのこと。
(○) 百年前《ひゃくねんまえ》の子《こ》どもたちの遊《あそ》びのこと。
( ) 百年先《ひゃくねんさき》の遊《あそ》びのこと。
(○) 百年先《ひゃくねんさき》の社会《しゃかい》のこと。

解答例

本書の解答は，あくまでもひとつの例です。児童に取り組ませる前に，必ず指導される方が問題を解いてください。指導される方の作られた解答をもとに，児童の多様な考えに寄り添って○つけをお願いします。

72頁

今《いま》、あなたに考《かんが》えてほしいこと (4)

名前

● 次《つぎ》の文章《ぶんしょう》を二回《にかい》読《よ》んで、答《こた》えましょう。

1

［思《おも》いやりの気持《きも》ちから生《う》まれたのが想像力《そうぞうりょく》で、これは、私《わたし》たち人間《にんげん》だけにあるものです。］

このような想像力《そうぞうりょく》で、人間《にんげん》だけでなく全《すべ》ての生《い》き物《もの》が上手《じょうず》に生《い》きるにはどうしたらよいだろうと考《かんが》えることができるはずです。これから生《う》まれてくる人《ひと》や、生《い》き物《もの》たちのことも考《かんが》えられるはずです。

2

㋐ 想像力《そうぞうりょく》を働《はたら》かせて、これからのことを考《かんが》えていくと、みなが生《い》き生《い》き暮《く》らせる社会《しゃかい》を考《かんが》え出《だ》すこともできるでしょう。

（令和二年度版　光村図書　国語六　創造　中村《なかむら》　桂子《けいこ》）

1 筆者《ひっしゃ》は、想像力《そうぞうりょく》があれば、どのようなことができるはずだと述《の》べていますか。二《ふた》つ書《か》きましょう。

人間《にんげん》だけでなく **全ての生き物が上手に生きるにはどうしたらよいだろう** と考《かんが》えること。

これから **生まれてくる** 人《ひと》や、生《い》き物《もの》たちのことも考《かんが》えること。

2 (1) ㋐ にあてはまる言葉《ことば》に○をつけましょう。

（○）こうして

（　）けれども

(2) 想像力《そうぞうりょく》を働《はたら》かせて、これからのことを考《かんが》えていくと、どんな社会《しゃかい》を考《かんが》え出《だ》すことができると筆者《ひっしゃ》は述《の》べていますか。

みなが生き生き暮らせる 社会《しゃかい》。

72

73頁

今《いま》、あなたに考《かんが》えてほしいこと (5)

名前

● 次《つぎ》の文章《ぶんしょう》を二回《にかい》読《よ》んで、答《こた》えましょう。

1

［想像力《そうぞうりょく》を働《はたら》かせてこれからのことを考《かんが》えていくと、みなが生《い》き生《い》き暮《く》らせる社会《しゃかい》を考《かんが》え出《だ》すこともできるでしょう。］

そして、そのような未来《みらい》にするには、技術《ぎじゅつ》をどのように使《つか》ったらよいだろうというところにまで思《おも》いを広《ひろ》げることができると思《おも》うのです。未来《みらい》のことまで考《かんが》えて生《い》き方《かた》を探《さが》していくのが、㋐今《いま》、求《もと》められている生《い》き方《かた》なのではないでしょうか。そのような生《い》き方《かた》で暮《く》らしたら、未来《みらい》はどうなるのか。そのときの技術《ぎじゅつ》はどのようなもので、どう使《つか》われているのか。

2

難《むずか》しいけれど、とても大事《だいじ》なことですし、すばらしいことを思《おも》いついたら、未来《みらい》は今《いま》よりずっと楽《たの》しくなるにちがいありません。㋑それが、今《いま》、あなたに考《かんが》えてほしいことです。みんなでいっしょに考《かんが》えていきませんか。

（令和二年度版　光村図書　国語六　創造　中村《なかむら》　桂子《けいこ》）

1 (1) みなが生《い》き生《い》き暮《く》らせるような未来《みらい》にするには、どういうところにまで思《おも》いを広《ひろ》げることができると、筆者《ひっしゃ》は考《かんが》えていますか。

技術 をどのように使《つか》ったらよいだろうというところ。

(2) ㋐今《いま》、求《もと》められている生《い》き方《かた》とは、どうすることですか。

未来 のことまで考《かんが》えて **生き方を探していく** こと。

2 ㋑それとは、どのようなことを指《さ》しますか。一《ひと》つに○をつけましょう。

（　）自分《じぶん》が過去《かこ》に経験《けいけん》した出来事《できごと》がどんなにすばらしかったか、ということ。

（○）みなが生《い》き生《い》き暮《く》らせる社会《しゃかい》を実現《じつげん》するために、未来《みらい》のことや、技術《ぎじゅつ》の使《つか》い方《かた》を考《かんが》えてどう生《い》きていくか、ということ。

（　）未来《みらい》のことではなく、今《いま》、どうすれば楽《たの》しく生《い》きられるか、ということ。

73

74頁

言葉《ことば》の宝箱《たからばこ》 (1)

名前

(1) 次《つぎ》の人物《じんぶつ》を表《あらわ》す言葉《ことば》と反対《はんたい》の意味《いみ》を表《あらわ》す言葉《ことば》を［　］から選《えら》んで書《か》きましょう。

① 悲観的《ひかんてき》 ↔ （**楽観的**）

② 消極的《しょうきょくてき》 ↔ （**積極的**）

③ 未熟《みじゅく》 ↔ （**成熟**）

・成熟《せいじゅく》　・積極的《せっきょくてき》　・楽観的《らっかんてき》

(2) 次《つぎ》の人物《じんぶつ》を表《あらわ》す言葉《ことば》と、よく似《に》た意味《いみ》を表《あらわ》す言葉《ことば》を［　］から選《えら》んで書《か》きましょう。

① 率直《そっちょく》 （**正直**）

② 誠実《せいじつ》 （**真面目**）

・真面目《まじめ》　・正直《しょうじき》

(3) 次《つぎ》の文《ぶん》を読《よ》んで、——線《せん》の言葉《ことば》の意味《いみ》に合《あ》うものに○をつけましょう。

① 山本《やまもと》さんは反対意見《はんたいいけん》をえんりょがちに言《い》った。

（○）言葉《ことば》や態度《たいど》をひかえめにするようす。

（　）力強《ちからづよ》く立派《りっぱ》にするようす。

② 博士《はかせ》は、少《すこ》し気難《きむずか》しい人《ひと》だ。

（　）気持《きも》ちがよい。こころよい。

（○）ちょっとしたことで文句《もんく》を言《い》ったり、すぐきげんが悪《わる》くなったりする。

74

75頁

言葉《ことば》の宝箱《たからばこ》 (2)

名前

(1) 次《つぎ》の言葉《ことば》と反対《はんたい》の意味《いみ》を表《あらわ》す言葉《ことば》を［　］から選《えら》んで書《か》きましょう。

① 抽象的《ちゅうしょうてき》 ↔ （**具体的**）

② 現実的《げんじつてき》 ↔ （**理想的**）

・理想的《りそうてき》　・具体的《ぐたいてき》

「抽象的《ちゅうしょうてき》」とは、「実際《じっさい》の物事《ものごと》からかけはなれていて、意味《いみ》がはっきりしないようす」を意味《いみ》し、「具体的《ぐたいてき》」とは、「物事《ものごと》の形《かたち》やようすがはっきり分《わ》かるようす」を意味《いみ》しているよ。

(2) 次《つぎ》の文《ぶん》の意味《いみ》に合《あ》う方《ほう》を○で囲《かこ》みましょう。

① 博士《はかせ》は夜中《よなか》まで研究《けんきゅう》を続《つづ》けるような｛不都合《ふつごう》・**(不規則《ふきそく》)**｝な生活《せいかつ》を送《おく》っている。

② 暗《くら》くて読書《どくしょ》に｛不確《ふたし》か・**(不向《ふむ》き)**｝な場所《ばしょ》では、照明《しょうめい》をつけよう。

(3) 次《つぎ》の文《ぶん》を読《よ》んで、——線《せん》の言葉《ことば》の意味《いみ》に合《あ》うものに○をつけましょう。

① あの人《ひと》なら、おそらく試験《しけん》に合格《ごうかく》するだろう。

（○）たぶん。きっと。

（　）おそろしく難《むずか》しい。

② 発表会《はっぴょうかい》の司会役《しかいやく》は、川口《かわぐち》さんにうってつけだ。

（　）つり合《あ》わないこと。

（○）ぴったりと合《あ》うこと。最《もっと》も適《てき》していること。

75

76頁

言葉《ことば》の宝箱《たからばこ》 (3)

名前

(1) 次《つぎ》の気持《きも》ちを表《あらわ》す言葉《ことば》と、よく似《に》た意味《いみ》を表《あらわ》す言葉《ことば》を下《した》から選《えら》んで——線《せん》で結《むす》びましょう。

① 心残《こころのこ》り

② 心《こころ》にひびく

③ 心《こころ》もとない

不安《ふあん》

後悔《こうかい》

かんめいを受《う》ける

(2) 次《つぎ》の文《ぶん》の意味《いみ》に合《あ》う方《ほう》を○で囲《かこ》みましょう。

① 約束《やくそく》の時間《じかん》におくれそうで、{気《き》が楽《らく》になる・気《き》が気《き》でない}。

② ここでお別《わか》れだなんて{なごりおしい・くすぐったい}。

(3) 次《つぎ》の文《ぶん》を読《よ》んで、——線《せん》の言葉《ことば》の意味《いみ》に合《あ》うものに○をつけましょう。

① 一人《ひとり》で遊《あそ》ぶのは味気《あじけ》ない。

（○）おもしろみがなくて、つまらない。

（　）楽《たの》しくて、ゆかいだ。

② 雨《あめ》の日《ひ》の外出《がいしゅつ》はわずらわしい。

（　）つい笑《わら》ってしまうほど、おもしろい。

（○）手間《てま》がかかって、めんどうくさい。

77頁

言葉《ことば》の宝箱《たからばこ》 (4)

名前

(1) 次《つぎ》の気持《きも》ちを表《あらわ》す言葉《ことば》の中《なか》で、他《ほか》の三《みっ》つとはちがう気持《きも》ちを表《あらわ》す言葉《ことば》を一《ひと》つ選《えら》んで○をつけましょう。

①

（　）気《き》が楽《らく》になる

（○）心残《こころのこ》り

（　）解放感《かいほうかん》

（　）かたの荷《に》が下《お》りる

②

（○）ためらう

（　）したう

（　）いとしい

（　）好感《こうかん》をもつ

(2) 次《つぎ》の文《ぶん》の意味《いみ》に合《あ》う方《ほう》を○で囲《かこ》みましょう。

① あのゲームがほしくてほしくて{いとしい・たまらない}。

② はくりょくのある歌声《うたごえ》に{圧倒《あっとう》される・くつろぐ}。

(3) 次《つぎ》の文《ぶん》の（　）にあてはまる言葉《ことば》を□から選《えら》んで書《か》きましょう。

㋐ いやみな言葉《ことば》を言《い》われた姉《あね》が（むっと）して席《せき》を立《た》つ。

㋑ 遠足《えんそく》が楽《たの》しみで、前日《ぜんじつ》から（そわそわ）する。

そわそわ ・ むっと

喜楽研の支援教育シリーズ

ゆっくり　ていねいに学べる

国語教科書支援ワーク 6-②

光村図書の教材より抜粋

2023年3月1日

原稿検討：中村　幸成
イラスト：山口　亜耶・浅野　順子　他
表紙イラスト：鹿川　美佳
表紙デザイン：エガオデザイン
企画・編著：原田　善造・あおい　えむ・今井　はじめ・さくら　りこ・中田　こういち
なむら　じゅん・ほしの　ひかり・堀越　じゅん・みやま　りょう（他4名）
編集担当：中川　瑞枝

発行者：岸本　なおこ
発行所：喜楽研（わかる喜び学ぶ楽しさを創造する教育研究所：略称）
〒604-0827　京都府京都市中京区高倉通二条下ル瓦町 543-1
TEL 075-213-7701　FAX 075-213-7706　HP https://www.kirakuken.co.jp
印刷：株式会社米谷

ISBN : 978-4-86277-396-8

Printed in Japan

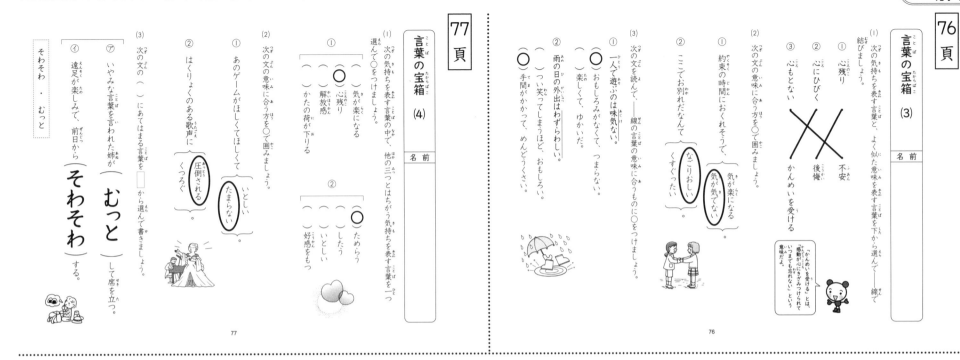